PHILOSOPHIZING WITH ZHUANGZI

与庄子哲游

[法]奥斯卡·柏尼菲(Oscar Brenifier)
[俄罗斯]维多利亚·契尔年科(Viktoria Chernenko)/著
奥斯卡哲学翻译组/译

图书在版编目（CIP）数据

与庄子哲游 / （法）奥斯卡·柏尼菲，（俄罗斯）维多利亚·契尔年科著；奥斯卡哲学翻译组译. -- 北京：华夏出版社有限公司，2021.3（2024.4重印）

书名原文：Philosophizing with Zhuangzi

ISBN 978-7-5222-0062-0

Ⅰ. ①与… Ⅱ. ①奥… ②维… ③奥… Ⅲ. ①庄周（约前369-前286）—哲学思想—研究 Ⅳ. ① B223.55

中国版本图书馆 CIP 数据核字（2020）第 248575 号

Philosophizing with Zhuangzi
Copyright© 2019 by Oscar Brenifier, Viktoria Chernenko
All rights reserved.

版权所有，翻印必究。
北京市版权局著作权合同登记号：图字 01-2021-0106 号

与庄子哲游

作　者	［法］奥斯卡·柏尼菲　［俄罗斯］维多利亚·契尔年科
译　者	奥斯卡哲学翻译组
策划编辑	朱　悦　刘　洋
责任编辑	朱　悦　刘　洋
特约编辑	吴小安
责任印制	刘　洋
出版发行	华夏出版社有限公司
经　销	新华书店
印　刷	北京汇林印务有限公司
装　订	北京汇林印务有限公司
版　次	2021 年 3 月北京第 1 版　2024 年 4 月北京第 3 次印刷
开　本	787×1092　1/32 开
印　张	7.875
字　数	100 千字
定　价	56.00 元

华夏出版社有限公司　　网址：www.hxph.com.cn　电话：（010）64663331（转）
地址：北京市东直门外香河园北里4号　邮编：100028
若发现本版图书有印装质量问题，请与我社营销中心联系调换。

奥斯卡哲学翻译组成员介绍

刘冰：语言和哲学学习实践爱好者，心中有个翻译梦的学术期刊编辑。

刘琼：旅法十年，两个孩子的妈妈，创新教育者，哲学思辨课程设计者和思辨教练，共创式教练，中国儿童哲学研究中心联合发起人，推动奥斯卡·柏尼菲儿童哲学课程进入中国的伙伴。

周小鹿：资深媒体人，文化创业者，中国传统经典研究和实践者。

岸青：全职妈妈，兼职做儿童写作教育和翻译，学习并实践应用哲学，曾翻译《大博弈：英俄帝国中亚争霸战》一书。

吴若姝：教育界观察者，独立撰稿人。《为生活重塑教育：中国的教育创新》丛书作者之一。

耿凤玉：奥斯卡哲学工作坊学员，编著《决胜英语》,外研社出版;《妈妈,他们欺负我:帮孩子解决社交难题》译者之一。

彭凡颖:法国应用哲学院认证哲学咨询师,儿童哲思教练,致力于在中国推广哲学践行。

推荐序一
当大脑一寸一寸变得自由

读《与庄子哲游》会比你想象的快得多。

第一,因为全书只有《庄子》的七个寓言故事,每个仅两百字上下,加起来不足一千四百字。

这七个故事我尝试了两种读法,一是我把古文后的白话译本看了一遍,然后跟随作者进入正文的"哲游"部分;二是我不看译文,看完古文直接跳到正文部分,发现居然不影响阅读,而且这种直接进入核心的"粗暴"方式让我觉得十分轻松过瘾。

第二,奥斯卡的语言非常简单和简短。我刚开始上他的哲学工作坊时还会借助他人的翻译,后来我发现自己可以不经别人翻译也能轻易听懂。这除了与身处场景之中有关外,还离不开哲学家刻意追求的简单、简短。

读《与庄子哲游》很容易让我想起林语堂的《苏东坡传》、黄仁宇的《万历十五年》，这两本书都是直接用英文写给外国人看的中国故事。他们都不约而同地采用了简单浅白的、扫除语言障碍的、全世界都能懂的语言。这种语言在翻译回中文之后，作为中国人也看得分外轻松。

读《与庄子哲游》会比你想象的慢得多。

这种慢是因为你需要去寻找座标，奥斯卡把庄子放在了全球哲学思想框架里面进行讨论。比如在谈论儒家和道家有什么不同的时候，奥斯卡会拿苏格拉底和亚里士多德的区别来进行类比。又比如在谈论呆若木鸡的状态时，奥斯卡将其类比为斯多葛学派灵魂的"内在堡垒"。

这种慢还在于作为哲学培训师的奥斯卡会把庄子作为一位教育家来谈论。他会告诉你庄子为什么会写这么古怪的、多义的寓言，而且还不加解释。奥斯卡对庄子的教育方式是深加赞赏的，他同样激赏的还有禅宗的顿悟和苏格拉底的对话法。曾经有观众问奥斯卡："你如此咄咄逼人地提问，你在生活中有朋友吗？"他回答："人们在生日聚会的时候显然不愿意邀请我，但是庄子、惠能和苏格拉底都是我的朋友。"

这种慢还因为你会突然读到一些让你心头一荡的句子，比如谈及"无为"的境界时，奥斯卡说："你通过不作为来行动，这意味着一个行动一旦准备好就表明已完成，无需任何特别的努力，自然而然的，仅仅是因为这个人处于全神贯注的状态。一个动作会像树上成熟的果子一样'落下'，或者像一堆雪从树叶上落下，因为'它'知道自己什么时候准备好了，它不用计算。"

这样的句子会让你停下来，回味一番。深度阅读的快乐肯定不是来自阅读打卡，宣告读了多少本书，而是在于你的大脑在进行舞蹈，余韵缭绕。坐在阳光下停住，捧着一本书回味无穷之时，正是阅读最美之时。

读奥斯卡的书最慢的还在于你回答他的提问。奥斯卡个人的观点是不立文字,他认为真正的哲学家是通过提问和对话来进行哲学思考的,而不是通过著书立说来演讲灌输的,所以奥斯卡的书最精华的部分绝不是知识——哪怕是横贯古今、中西的知识;也不是观点——不管是多么具有说服力的、伟大的、正确的见解;而是他的提问。

这本书的提问部分跟引用的古文部分的文字量一样少,每章大约两百字左右,但也是最精彩和读得最慢的部分。

这些问题跟你经常会遇到的问题很不一样,它们不是为了测试你是否掌握了某个知识,也不是为了试探你的思想是否正确,这些问题并不追求正确答案,而是带领你思考。

会有一些问题带领你想到更多的可能性。

在哲学工作坊,我们会做"提出预设"的训练。就是对同样一个问题,预想有多少种答案,或者一个人说一句话，猜测有多少种意图，有时候我们能写出五六十种可能性。有更多预想的人，不容易被正确答案困住。

会有一些你不知道居然可以这样想的问题。

我是在县城长大来到大都会工作和生活的人。在我看来，大都会最具吸引力的，是有机会发现：这样也可以。我举一个简单的例子，以前我们评价花朵，都是如何鲜美动人。有一天，当你看见一个人居然把果子、棉花球拿来做插花艺术，有人把枯干了的莲蓬拿来插花时，你就会大叫一声：原来这也可以。你几乎在被解放的一瞬间，秒懂非鲜花世界的审美，而且你一下子就打开了创造的大门——仿佛上帝在握着你的手，带领你发出"原来这样也可以"的呼声的提问。

还会有一些你不敢这样想，感觉太冒犯的问题。

中国人读古籍的过程，其实是一个小心翼翼、拜倒行礼的过程：我是否读懂了？我是否理解到位了？我这样应用对吗？

奥斯卡带领的提问和回答,是走向独立思考的过程,你要习惯无法依靠先贤权威而独自得出结论的过程。这个过程,也是你的大脑一寸一寸地摆脱束缚,一寸一寸地争取自由直到彻底自由的过程。

在这一点上,庄子和奥斯卡是非常一致的,我们可以在第七章通过读轮扁和桓公的对话感受到。轮扁说出"古人之糟魄已夫"时,就是挑战权威的开始。

记住,没有正确答案,只有思考本身。

三川玲

儿童教育作家
"童书妈妈三川玲"创始人
顺应儿童天性写作法发起人

推荐序二
异域读解激活古老思想中的哲学精神

抛开文字表达本身带来的通俗或晦涩，一个年轻人、一个西方人，当他看到《论语》和《庄子》时，可能更愿意选读《庄子》，因为《庄子》里面充满了想象、自由、怪诞、奇妙的故事。毕竟像《论语》这种充满了人间实践智慧的经典，阅读它需要人世历练的经验，而《庄子》书中扑面而来的夸张比喻，更容易捕获年轻人的心灵。

《庄子》雄文，奇义诡谲，不论义理，文字本身就是拦路虎。所幸以外文写就再译回中文的《与庄子哲游》，少了文字的障碍，多了一点儿西方的哲学重构。这让我想起前辈学者朱高正先生曾言学习《周易》，一直困扰于其义理难解。后到德国求学，读了德文版《周易》，再回头读中文版《周易》，豁然开朗。通过翻译媒介帮助理解，似乎是一个不错的途径。中文表达向来言简意赅，重意境韵味而轻推理结构，德文表达繁琐冗长但论证结构清晰，一字一句皆有实处。以德文看《周易》，能够获得对原文语义最基本的理解。先求其清楚表达、严谨论证，再探其境界韵味，则可循序渐进，登堂入室。

华语学界，庄子研究是中国哲学思想研究的重镇。早在上个世纪中叶，陈鼓应先生就出版了《庄子今注今译》，八十年代陈先生在北京大学开设庄子研究课，影响深远。王博先生出版了《庄子哲学》，一时洛阳纸贵。韩林合先生则出版了《虚己以游世：<庄子>哲学研究》，在韩老师看来，庄子的著作和维特根斯坦的思想有相当内在的一致性。陈鼓应先生也曾把庄子与尼采做对比，认为尼采的《查拉图斯拉如是说》和《庄子》在形式和内容上有相通之处。中国的古老思想在现代西方思想中找到知音。当然，八十年代对庄子研究影响最大的还是刘笑敢先生的《庄子哲学及其演变》，将华语学界的庄子研究推到一个新的阶段。近些年来，陈少明先生的《<齐物论>及其影响》、郑开先生的《庄子哲学讲记》、张文江先生的《<庄子>内七篇析义》、杨立华先生的近著《庄子哲学研究》皆为上上之选，庄子研究在国内日渐成熟且多元。任何有兴趣深入了解庄子的人都可以选择上述任何几种书籍研读，借此以窥堂奥。

但此书并非纯粹的学术研究，作者乃哲学践行者，从事哲学治疗、儿童哲学、思维训练等哲学实践多年。"哲学践行"有点儿不同于希腊哲人提出的"三十岁以后才能学哲学"的主张。"人人都是艺术家。"在某种意义上，我们也可以说，人人都是潜在的哲学家。反思乃是人类的特质，尽管并非人人都好反思。

华夏出版社翻译出版此书，对于推动庄子哲学的大众化传播具有重要价值。从西方人的角度来读解庄子，也许会有不同的效果。我的看法有点儿不同，我宁愿把这本书看作一本借《庄子》里的故事来讲一般哲学的哲学导论。"自其异者视之，肝胆楚越也。自其同者视之，万物皆一也。"这种异域读解可能会激活古老思想中的哲学精神，召唤每一个爱好思想、喜欢想象的人，来反思生活，反思我们所处的世界。果如此，则不负庄子。是为序。

梅剑华

北京大学哲学博士
山西大学哲学社会学学院教授
中国现代外国哲学学会理事

译者序
享受哲学思考的多维与灵动

2018年的秋天，我因为偶然的机会得知了奥斯卡将在北京举办为期六天的应用哲学工作坊的消息。虽然当时我并不知道奥斯卡是谁，但并未犹豫就报了名。自从有了孩子，人生的角色发生了转变，家庭中增添了养育的部分，也遇到了一些不曾遇到的困难和问题。于是，我开始留心一些与教育及自我成长相关的内容。我看到奥斯卡的背景介绍里说他是法国人，有35年的儿童哲学教育经验，而法国是非常重视儿童哲学教育的国家。这正契合了我想为自己和孩子在哲学思考方面做训练的想法。

初见奥斯卡，他身材高大，上身穿着蓝领T恤，下面是一条灰色的裤子，配着两根红色的背带。他看上去六十多岁，戴着一幅眼镜，面色红润、神情温和，让人感觉他是一位宽厚的长者。然而事实却正好相反。在工作坊一开始他就直切主题，用简短清晰的对话把在场的每一个人从日常的思维模式中拉扯出来，带到纯粹的哲学对话中。这对话非常犀利，甚至是突兀而不留情面的，完全不顾及对方的感受。和大部分学员一样，我不习惯这样的对话，我感到不自在。

在六天的工作坊中，有人愤怒，认为他太偏激，完全不给人解释的机会；也有人欢呼，因为享受哲学对话带来的醍醐灌顶的感觉。看来，这种秉承了苏格拉底风格的、直击事物本质的哲学对话未必能让每个人都接受。从个人角度而言，我从一开始的坐立不安，到逐渐的接受和打开，我慢慢地进入到学习哲学对话的尝试中。

也正是这种尝试让我获得了参与翻译本书的机会。本书还有另外几位翻译成员。除了两位师从奥斯卡的专业哲学咨询师外，大家背景各不相同。她们有的参与编著过英语类书籍并出版了翻译作品；有的是独立撰稿人，出版过教育类书籍；有的是心中有个翻译梦的编辑；也有像我这样的全职妈妈，抽出时间做与儿童教育和翻译相关的工作。大家都在哲学践行中做着各自的努力和尝试。

后来我又陆续参加过奥斯卡的线下或线上的哲学工作坊。在很多场合，奥斯卡都会为我们展示他对庄子的理解和热爱。他不止一次地在教学中向庄子致敬，并结合这位伟大的东方哲学家的思想来引导大家学习西方的哲学对话方式。他把庄子称为自苏格拉底之后对他影响最大的老师。因此，他写了这本《与庄子哲游》。

本书节选了《庄子》中的七个故事。虽然这些故事都是读者比较熟知的，但作者在书中对这些故事展开的哲学思考，相信无论从广度和深度都会给读者带来全新的启发。比如第六章讲述的那个"呆若木鸡"的故事。作者首先用"回归自我"定位了这个故事的核心。书中指出，训练之初的公鸡就像日常中的我们，因为生存本能和竞争心态，不停地对外界事件的刺激进行反应。表面上看，这些人具有很强的竞争力和解决问题的能力，而实际上他们的头脑是混乱的，为外部世界所制约。就像纪渻子为训练斗鸡而制定的计划一样，作者强调，只有放下竞争心，才能够回归自我，与外部无序而混乱的世界保持距离，为自己保留思考的空间。

然后，作者分析了庄子为什么选择讲述这样一个故事来传达他的核心思想。"呆若木鸡"的故事简短而晦涩，许多细节没有讲清楚，我们读起来甚至有些荒谬。然而，正是这样的故事才能给读者留出独立思考的空间，而故事的荒谬性恰好让读者产生一种与现实不同的陌生感。借助这份陌生感，读者可以跳出习以为常的思维模式，重新审视自我，而这也是真正的挑战。因此作者指出，学习本身不仅仅是对知识和技能的汲取，更是一个对我进行挑战的过程。

经过百般修炼之后，那只公鸡终于变成了一只木鸡，而对手看到它则会不战而退。无论是那位请求纪渻子训练斗鸡的君王还是读者都会有些失望。没有了对手，还如何战斗呢？战斗的对象又是谁呢？由此，本书引入了"自我之战"的话题，并经过思考和分析指出"呆若木鸡"是我们应该努力达到的一种人生境界。

读这本书的时候，你可能会像我一样，惊讶于一位外国哲学家对中国传统文化和哲学思想的理解，享受陌生文化和思想带来的碰撞，这正是奥斯卡作为哲学家所践行的原则之一吧。享受一直是奥斯卡强调的哲学态度。原来，哲学思考并不需要一本正经；原来，哲学思考是多维度的，是灵动的。这和我们日常所坚信的想法、感受以及信念正好相反。就像游戏之于儿童，是没有束缚的，没有对错的，所以是自由而有趣的。希望阅读这本关于庄子的书，也能让读者享受到这份乐趣。当然，在奥斯卡灵动的思考中也不乏认真、严谨的态度。在翻译此书的过程中，我不止一次地收到奥斯卡发来的信息,讨论对《庄子》里的故事中的一个字或一个词的理解和翻译。他反复询问,反复质疑。作为译者,我很享受这样的交流。

因此,在翻译和等待出版的过程中,我充满期待。然而,翻译的过程比想象中艰难。哲学语言本身的难度是其一,对于深度哲学思考的理解是其二。准确地传达作者的想法,是每位译者努力的方向。但受限于自身的知识结构和翻译水平,中文译本不可避免地存在很多不足之处,请各位读者包涵并指正。希望这些瑕疵并未掩盖本书的智慧之光,让更多的读者从不同的角度去欣赏和学习《庄子》并获得全新而独立的思考。

岸 青

奥斯卡哲学翻译组成员

目　录

与庄子哲游　/ 001
关于作者　/ 001
致谢　/ 001
引言　/ 001

第一章　支离疏　/ 001

生存　/ 004
外貌　/ 007
个人主义　/ 012
"德"的概念　/ 015

第二章　罔两与景　/ 023

稳定与不稳定　/ 026
因果关系　/ 031
影子和罔两　/ 036
知识和控制　/ 043

《周易》 / 047

《周易》概念表 / 054

第三章　浑沌之死 / 059

速度 / 062

区分 / 066

行善 / 071

浑沌 / 076

第四章　朝三暮四 / 085

无差别主义和决定论 / 088

在意与不在意 / 092

操纵和力量 / 096

静态和动态 / 101

第五章　井底之蛙 / 111

平凡与琐碎 / 115

有限与无限 / 119

茫然 / 124

君子和小人 / 129

第六章　呆若木鸡 / 137

应激和超然 / 140

实践性和阐明性 / 146

自我之战 / 151

武术 / 158

第七章　轮扁 / 167

权威 / 171

教学方法 / 175

教学，还是学习 / 187

中国经典著作 / 196

概念表 / 204

与庄子哲游

庄子是一位生活在公元前4世纪左右的有影响力的中国哲学家。他的作品《庄子》以他的名字而命名,被认为是他的著作而流传下来,是道教的基础著作之一。它由许多奇怪的小故事组成,目的是为了引发读者思考。它的主要功能是通过批评众多的成见、社会和道德义务,让我们反思生活中虚幻甚至荒谬的一面,这些都是造成我们心理和认知痛苦的原因。本书包含了《庄子》的精选故事,并配有哲学分析,我们围绕每个故事的关键概念展开讲述,涵盖了一些中国的文化背景;并提供了一系列问题,以便读者对文本的内容进行思考。

关于作者
奥斯卡·柏尼菲

哲学博士、培训师、哲学顾问,多年来在法国和其他国家从事"哲学应用"的概念研究,包括应用和理论研究。他是"城市哲学"运动的主要推动者之一:参与哲学咖啡馆活动(一种在咖啡馆或其他公共场所组织的对所有人开放的哲学讨论),举办儿童和成人的哲学工作坊,举办商业团体和组织机构研讨会。他在这一领域出版了许多书,包括"儿童哲学智慧书"(内森版)(PhiloZenfants[editions Nathan]),已被翻译成三十多种语言。他是"法国应用哲学院"(Institute of Philosophical Practices,简称IPP)的联合创始人之一,任主席一职。他也是联合国教科文组织报告《哲学,自由的学校》(*Philosophy, A school of freedom*)的作者之一。

维多利亚·契尔年科

文史心理学硕士,巴黎新索邦大学哲学博士生。2010年至今,在超过25个国家开展哲学实践,进行个人哲学咨询,举办儿童和成人的哲学工作坊。多年来,她在商业组织中担任顾问,致力于论证评估系统。她也是教育部门教学能力评估方面的专家。她是多个哲学实践团体和个人项目的联合创始人,哲学咨询硕士项目教授,小学生批判性思维项目的创建者。2015年,她创立了"哲学思辨小组",这是一个在世界各地推广哲学实践的组织。

致谢

我们感谢褚士莹、彭凡颖、阮岚青在本书编著过程中所做的翻译工作以及他们对中国文化所进行的注解。一并感谢桑德林·泰维奈、奥黛丽·格斯和玛丽亚·沃罗蒂娜共同合作提出相关的哲学思考问题,感谢桑德林·泰维奈和克里斯托夫·贝尔廷为本书制作插图。

引言
中国的庄子

庄子很可能确有其人,但我们对他知之甚少。他大约生活在公元前4世纪,被认为是中国所有早期思想家中最有创造力的一位。他的作品所展现出的独特风格和惊人内涵,使他在古典文学中占有特殊的地位。对人们来说,他始终是中国文学和哲学传统中一个"必读的"、不可或缺的、无法忽视的作者。

《庄子》一书由许多令人惊奇的小故事组成,其目的是引发读者思考。庄子的思想,他的思维方式,往往带有很强的批判性和讽刺性,不符合大多数中国人的心智模式、思维方法或常规认知。这里,我们需要了解的是,中国哲学史上最重要的思想之争发生在儒家思想与道家思想的对立之中,庄子和老子是其中的主要代表。我们暂且把佛教哲学思想放在一边,尽管佛学在中国历史文化中也扮演着重要角色。同样,我们也不会在学术上讨论道家思想的统一与否，主要原因是，在中国哲学母体的统一中，存在着一个根本分裂——其中承载着无数意识形态意蕴。

在审视指导当代中国人的行为和思想的普遍原则时，我们可以看到，无论是出于有意识，还是无意识，儒家思想都处于支配地位。我们可以做一个类比。在西方，最早的哲学思想的对立发生在苏格拉底和柏拉图所代表的一方与亚里士多德所代表的另一方之间。在这场历史性的思想争锋中，亚里士多德被认为是胜出的一方，因为我们大多数人的世界观更倾向于唯物而非唯心。

这种关系与儒家和道家之间的对立十分相似，尽管我们将其定性为人文主义与理想主义观念的对立。让我们举几个例子。

第一个例子："道"是中国哲学中最基本的概念，就如同"存在"和"上帝"是西方文化中普遍存在的两个基本概念。对于道家思想家们来说，道不是

"物"的"名",而是宇宙潜在的自然法则,其终极本质是难以界定的,因为它本身是非概念性的,但在人的存在和生命中却又是显而易见的。它常是"无名的",必须与无数被认为是它的表现形式的"有名的"事物区分开来。它才是生命的本质,并先于任何我们能够描述的具体的例子而存在。但对于儒家来说,"道"这个词更多指向"真理",或者"方法",因为它向人们阐释了生活的规范、政治的规则和传统的法则。这是一种"人文主义"的道,它应该与我们的道德和人性息息相关。孔子很少提到"天道"。早期有影响的儒家学者荀子,明确指出了两者之间的不同。虽然他承认天道的存在及其重要性,但他坚持"道"主要关乎人类事务。

第二个例子源自第一个例子:**它与决定和评判我们行动的标准有关**。对于儒家来说,礼是根本的——习俗和传统必须得到尊重。它们代表着社会的关键秩序,是社会内部和谐的重要因素,调节着我们卑微的个人主义本能，这种调节当然具有道德内涵。在这个框架内，层级是至关重要的，因为它决定了每个个体在这个和谐结构中的位置。对道家来说，这些仪式充其量是表面文章，甚至是一种幻觉或虚伪，因为唯一必须参考和遵守的原则是道，即宇宙的原则。这种主张为个体留下了很大空间，并表达了对社会及其规则和义务的强烈批评。这就是道家经常被认为是反叛者、无政府主义者或反社会者的原因之一。甚至道德规范也被批判为道德体系中一个较低的层次。按照从高到低的顺序排列，依次是道、德、仁，然后才是义，最后才是礼。

在确认中国社会的儒家倾向的同时，我们可能会注意到，当代人在读《庄子》的故事并对其赋予自己的理解时，往往会在道德意义上产生曲解，产生出与原有含义相去甚远的解读。我们将在后面谈到的"德"，就是一个很好的例子。它经常被解释为人类道德意义上的美德，而它最初的意味是本体论意义上的"品质",就像在英语中我们会说某种药物具有"特性",是指它有良好的功效或性能。

当然,这两种传统有时在关于人、社会、统治者和宇宙的观念上有相似之处,这些观念不是由任何一种学派创造的,而是源自比孔子或老子更早的一种传统。老子一般被认为是哲学道教的创始人,应区别于后来创立的宗教道教。但儒学致力于建立一个道德和政治体系,以此来形塑中国社会及其皇权统治;而道教,在同样的世界观中,代表着更多个人的和形而上的关注。

虽然同在这一框架内,庄子却具有一种独特的、批判的,甚至讽刺的视角和风格,可以与古希腊的犬儒主义者,被称为"疯掉的苏格拉底"的第欧根尼相类比。与儒家不同,道家从来没有一个统一的政治理论。后来的道家黄老("黄老",也称黄老道,是道教早期重要教派之一。"黄",指黄帝;"老",指道家学派始祖——老子。后世道教奉为鼻祖)认为,一个强大的皇帝是合法的统治者,而"尚古主义者"(如庄子)则强烈主张激进的无政府主义,并蔑视政治生活和等级制度。因此,人们应该不会感到惊讶,儒学在许多朝代被皇帝确立为官方学派,而道教作为一种学派却几乎不被容许甚至被禁止。

但《庄子》的另一面相对当代的中国人来说更具挑战性:**它与社会和家庭中普遍提倡的价值观截然相反。**

首先是野心和贪婪,贯穿在成功和努力工作中,其中包含着竞争和生存斗争,这些被视为正向价值观。这些价值观所代表的世界观,在今天是非常普遍并被强烈认同的。一个人必须追求上述世俗意义上的成功——通过经历必不可少的高考,通过在班级名列前茅,通过攀爬社会阶梯,通过致富和获得社会认可,通过赢得尊重而不是丢脸。中国的芸芸众生与庄子所倡导的原则几乎背道而驰。

当然人们可以说,在西方,绝大多数普通人的想法与大多数哲学家的理想主义观点也是不一致的。因此，尽管庄子被推崇为伟大而著名的思想家，但他很容易被还原论者视为提倡"无所事事"和"离群寡居地生活"的人，而这类行为当然被认为是不可能的、理想化的和不切实际的。有一种半开玩笑的说法：儒家思想是为年轻人和工作者准备的，而道家思想是为退休人士准备的，因为他们已经无事可做了。

最后，我们还看到了庄子对家庭价值观的批判，这种价值观常常使中国人获得良心上的安慰。庄子邀请我们逃离现实中虚幻、自私、狭隘而有限的图景，把自己放在一个更广阔的视野中（他有时将其称为"大海"），而不是在小人物生活的小池塘中，佯装快乐而安好。

罗伯特·恩诺[1]对庄子的介绍

《庄子》的文体风格是独特的,要融入其中就必须适应其文本的体裁和格式。大多数章节是由一系列简短而风格多样的散文构成,这些文章混合了可能是真实的,也可能是荒谬的叙述,以及关于真实或虚构人物的故事。无论我们是猜测庄子在陈述某件事时他

---

1. 罗伯特·恩诺

印第安纳大学伯明顿分校副教授,密歇根大学博士。研究领域涉及中国早期历史、中国先秦的古文字、中国哲学。

发表作品:

《儒家的天论》(*The Confucian Creation of Heaven*)(1990)《在商朝的宗教中有至高的神吗?》("*Was There a High God Ti in Shang Religion?*")(1990)《庖丁的道与哲学的局限》("*Cook Ding's Dao and the Limits of Philosophy*")(1996)《销售神话:中国古代的哲学市场》("*Selling Sagehood: The Philosophical Marketplace in Ancient China*")(1997)《孟子的诡辩与性格》("*Casuistry and Character in the Mencius*")(2002)《鲁国孔氏家族背景与儒家思想的起源》("*The Background of the Kong Family of Lu and the Origins of Ruism*")(2003)《商朝国教和先贤祠的甲骨文文献》("*Shang State Religion and the Pantheon of the Oracle Texts*")(2008)

本人是否相信它是真的，还是猜测他是否在乎我们相信与否，这都不是一个好主意。他总是编撰事实。最好假设《庄子》中的每一个故事都是虚构的，庄子明白是他创造的这些故事，他不指望任何人相信他的故事。《庄子》中的每一个传说和故事都蕴含一个哲学观点，这些观点是《庄子》的重要组成部分。

《庄子》中的故事所发生的世界并不是我们生活的世界。他给我们讲述了一只身长几千里的巨鸟，以及一只蝉和一只斑鸠是怎么谈论它的。我们进入了一个充满奇妙的野兽、想象中的植物和会飞的神仙的世界。《庄子》世界里的人同样也是不寻常的。他所编织的社会里充满了巫师、驼背的人、神秘的隐士、会说话的河流和可以毫无畏惧地在瀑布倾泻而下的池中游泳的泳者，还有一个能无比熟练地分解牛的屠夫。

《庄子》的一个有趣之处在于，它所描述的主要人物之一是孔子。有时孔子被描绘成一个小丑，一个自大的傻瓜，被那些与道家思想一致的角色所鄙视。但孔子常常扮演庄子观点代言人的角色。我们不禁要问，这是否只是庄子对他的儒家思想对手的一种嘲弄，还是他实际上并不觉得自己的思想与孔子的思想有某些共同之处。

庄子的主要写作手法是，通过提出一种非常激进的事实和价值观相对论，来打破我们对于何谓真理和价值的普遍观念。

对庄子来说（对老子来说也一样），所有人类珍视的价值观，比如好与坏、美与丑，都是非自然的，它们只存在于我们武断的偏见之中，但是庄子走得更远。他抨击我们所有有确凿事实的信仰。

根据庄子的观点，宇宙本身是一个不可分割的整体，而我们是其中的一部分。唯一真实的"事实"是，这个宇宙系统作为一个整体在不停地运动着。

在远古时代，人类曾经把世界看作一个整体，把自己看作这个整体的一部分，而不是把自己和周围的自然环境区分开来。但是自从词汇和语言发明以来，人类开始使用语言来表述世界，这最终导致我们分割了眼中的世界。当人类发明一个名字的时候，被命名的事物瞬间就会因为这个名称的定义而与其余的世界脱离开来。随着时间的推移，我们对世界的认知已经从对一个单一系统的整体理解，退化为对一个由诸多拥有独立名称的单位组成的空间的认知。

每当我们使用语言并对世界进行断言时，我们就会强化这种错误的世界观。我们称这种方法为"相对主义"，因为庄子的基本立场是，我们认定的事实只是那些带有偏颇世界观的所谓"事实"，我们认为好或坏的东西之所以显露出正面和负面的价值，是因为我们的错误信仰将我们导向武断的偏见。一个完整世界系统的动态运行就是所谓的道。将世界分割成种种独立事物，是非自然的，是基于人类语言思维的结果。庄子认为，我们需要做的是学习如何绕过我们的"眼前所见"，但却并不存在的虚幻分裂的世界，重新获得"道"的宇宙统一观。

与老子一样，庄子也没有详述任何一条可行路径能让我们实现观念上如此戏剧性的变化。但他的书中充满了似乎已经实现了这种转变的人的故事，其中一些人物为我们展现出有趣的可能性，比如庖丁或轮扁。这些人物似乎探寻到一种通过掌握某种技能来重新感知经验的方法。这可能是庄子建议的一条指引我们走向新世界视角的路，以逃离语言为我们建造的牢笼。

在另一节中，庄子让孔子为他的弟子颜回制定了以下养生法，称之为"心斋"：若一志，无听之以耳，而听之以心；无听之以心，而听之以气。听止于耳，心止于符。气也者，虚而待物者也。唯道集虚。虚者，心斋也。（取自《庄子·人间世》）

孔子的描述似乎暗示了某种形式的冥想练习，但其结果看起来与庖丁在解牛时进行的体力劳动相似。

这些对智慧之道的描述表明，虽然庄子认为我们对这个世界事实真相的认识，从根本上看是一种被扭曲了的"知识"，但他对知识并非持有一种完全相对主义的观点。庖丁和庄子笔下的孔子似乎确实达到了一定的智慧境界，但他们具备的知识似乎与人们通常所看重的知识截然不同。没有一个"庄子版"教学大纲，能与孔子为他的学派所设计的繁复的礼仪教学大纲相比。而庄子与老子的不同之处则在于，关于什么是自己眼中的至高智慧，庄子尝试给出更为具象的示意。

第一章

支离疏

支离疏者，颐隐于脐，肩高于顶，会撮指天，五管在上，两髀为胁。挫针治繲，足以糊口；鼓筴播精，足以食十人。上征武士，则支离攘臂而游于其间；上有大役，则支离以有常疾不受功；上与病者粟，则受三钟与十束薪。

夫支离其形者，犹足以养其身，终其天年，又况支离其德者乎！

——《庄子·人间世》

【译文】

有一个支离疏（形体支离不全的人），他的两腮贴近肚脐，肩膀比头顶还高，脑后的发髻朝天，五脏的腧穴向上，两条大腿和胸旁肋骨贴在一起。他替人家缝衣洗衣，足以养活自己；簸米筛糠，得的精米足够养活十口人。国家征兵时，支离疏就在人群里捋着胳膊，摆来摆去；国家有徭役征夫时，他因为残疾而免于服役；国家救济贫病时，他可以得到三钟米和十捆柴禾。

像支离疏这样形体不全的人还能够养活自身，活到寿终正寝，又何况是德行畸形的人呢？

/生存/

"支离疏"最突出的特点是他的生存能力。尽管他有严重的身体残疾,但他看起来并没有受制于此。他干很多活儿,很擅长缝衣洗衣、筛糠簸米。仅靠这份工作所得,"支离疏"一人就足以养活十口人。而发放给残疾人的补贴——粮食和柴火,尽管他完全不需要这份施舍,他同样也能照领不误。故事明确指出,这份补助本该给予那些需要帮助的病残人士,而"支离疏"虽然身有残疾,但可以自食其力。

当然,看到这儿,读者就能发现这个可疑人物的表里不一:从外表看,他显然是个严重残疾的人;但从功能和活动角度看却完全相反,他一点儿也不残疾。这种表里不一并非偶然,其实它在某种程度上一直是生存法则的核心。我们生活在一个危险的世界,就像动物们生存在丛林中。为了自我保护或得到想要的东西,人会按照外在环境所需来表现出相应的形象,而隐藏自己真实的需求或意图,这样能够更有效率。在一个挣扎求生的世界里，真理无处容身。

作为一个普遍概念，生存是人类学的永恒主题。我们可以称之为人类"动物性"的一面。动物必须求生。维持生存、避免伤害和死亡，这是动物的主要任务，它们必须让自己活着。因此，它们只关心如何吃饱，如何远离危险，如何获得住所，以及如何繁殖。在残酷现实面前必须保护自己的物种并繁衍后代，生命才能得以延续下去。在此框架下，在这个极度危险的世界里，我们几乎没有盟友，有的只是敌人。自然界是我们生存进化的环境，它为我们提供必要资源，但也代表着一种威胁，因为在这样的生存进化中，我们要与许多其他生物竞争。要么我们和对方想要同样的东西——争夺食物和地盘，要么是更致命的威胁——我们是对方的食物。我们在这两方面激烈地相互竞争着。

人类将这一"生存"原则转化到了存在的和心理的维度上："挣扎"和"竞争"被扩展成更大范围

的焦虑和忧心——身份、社会地位、权力、贪欲，等等。这些和"形象"的包装紧密相关。当然，人类的思维不仅是纯粹的"生物存在"，我们既可以放大这一动物性的行为，也可以克服它。因为人类有能力理解那些超越自身态度和行为的宇宙普遍法则，譬如理性、和谐。这一观点正好对应中国文化中"道"这一概念。"道"的意思类似于"事物运行的规律"或自然法则。"道"是一种普世原则，也是一个抽象而有难度的概念。庄子和其他许多哲学家认为，这一原则是一种理想，一种更高级的行为方式，所有人类都该为之努力奋斗，以获得幸福和自由。

当然，"道"的观点和生存主义是截然相反的。生存主义的观点在人类中非常普遍，就像故事里"支离疏"讽刺漫画般的表现方式一样。"支离疏"在很多方面都是一个很有代表性的人物，因为他所展现的正是那种我们花费最多时间精力的生存方式：为满足原始需求而奋力求生是我们与他人竞争的动力，这驱使我们去拼抢更多的物质资源、地位和名声。在这个模式里，一个人得到，另一个人就会失去。就像霍布斯所说的那样：**人与人之间的关系就是狼与狼之间的关系。**

而"道"的原则却恰恰相反，它邀请我们去了解（我们其实更愿意分享）共同之处，我们真正的兴趣是强调和谐和统一。当然，有人会这样反对道：生活是残酷的，农业的传统是艰苦奋斗，而中国一直在遭受人口过剩之苦。从这个意义上说，"支离疏"代表了某种理想的形式：他生活富裕，还像故事里所说的可能长寿，这是实用主义文化中衡量成功与否的两个关键标准。

/ 外貌 /

"支离疏"很丑。不仅丑，"支离"一词还残酷揭示：他畸形扭曲、支离破碎。他的外表怪诞可怕、令人恶心，是一种近乎非人的状态。

"支离疏"的两腮贴近肚脐（原文：颐隐于脐），这意味着他无法站立。和弯曲身体的四腿动物相反，直立身体正是人类的首要特征。而"支离疏"弯腰曲背，随之低下的还有他的自尊。站起来是一种价值的象征，而弯腰则会让存在感弱很多。"支离疏"永远弯着腰，这表明他在形态上的自卑。他的双肩比头高，象征着他卑微的存在感。如果有人以这种方式故意低下头，他就可能准备好了采取卑劣的手段，这是一种过分而不诚实的姿态，一种被迫的谦逊。即使文中说"支离疏"生来就长这样，我们还是无法避免地自发解读他的姿势，哪怕这仅仅是感受强加给我们的。

"指天"发髻（原文：会撮指天），头发指向天空更像是一种嘲弄，就好像它在嘲笑上天，而身体和眼睛却又朝下。

"五管在上"（释义：脊背间五脏的穴位向上），代表着自然体态的一种严重扭曲，因为这些穴位掌控着人体的核心动力，是所有能量流经的交汇点，遵循着自然和生命的基本规律。中医认为，人体的生命能量（或称"气"），是沿着被称为"经络"的无形通道而流动的，经络的堵塞和扭曲会导致疼痛和疾病。因此，基于"支离疏"的样貌背离了自然规律和模式，我们高度怀疑他的健康和稳定。

至于"两髀为胁"（释义：两条大腿和胸旁肋骨贴在一起），我们很难不联想到猴子。猴子这种动物一方面和人类很相近，但似乎又是对人类的一种讽刺，这也解释了为什么使用"猴子"这个词在许多文化中常常是一种侮辱和贬损某人的方式。

了解完主人公的外表，作者通过一段令人印象深刻的描写，介绍了这个长相怪异之人的活动。正如之前提到的，"支离疏"主要从事的工作，和大多数人的日常基本生活很相似。然后我们可以自问：文中"支离疏"的生活方式和他的外表是否相符，或是有什么不一致的地方？

一个前后矛盾之处在于：主人公的外表丑陋，身材畸形；但他从行为上看又是一个试图从工作和社会体制中获得最大利益的正常人。当然，从庄子的角度看，这种差异是可以解释的。他对人类生活的主要批评之一，正是对人类活动的缺乏意义、琐碎肤浅和充满幻象的批评。他称其为"人类模式"，与"天道模式"相反。而大部分人所理解的"正常"，只是因为大多数人在做，遵循了多数人的规范而已。但如果依照"天""道"和"君子"的标准，这并不"正常"。因此，庄子认为，人所谓的"正常行为"，即为食物、财富卑躬屈膝，是荒谬的，这和惯有观点截然相反。

说到与现实的矛盾，文中对外貌的论述还有另外一层含义：我们很难通过外表真实地表达自我。外表更像是一个诱饵、一个伪装、一个面具。无论是为了唆使引诱，还是隐藏，一个人不得不去"算计"其表现陈述的方式。有时要看上去强大危险，有时要看起来软弱无害，有时要高调，有时则要低调。因此，"支离疏"是一个演员。

当他需要靠工作获利时,他知道如何表现得强壮和高效。当他需要帮助时,当他想逃避每个正常人不得不完成的劳役义务时,他也知道如何去表现软弱。他甚至以一种明显玩世不恭的态度玩弄自己的外貌,就像文中描述他在国家征兵时捋袖挥臂的样子(原文:*攘臂而游于其间*)。这含糊词句让我们不禁想象,就像我们看到的不同的解释,"支离疏"可能会向士兵挥手再见,他可能会假扮成士兵,或仅仅装成傻瓜,完全忘记那些人冒着生命危险出征是为了保卫国家。

虽然看到这儿,我们可能会想,庄子自己也会嘲笑那些士兵,因为他一向讥讽人类大多数行为,尤其涉及有强制性的情况时更是如此。但他和"支离疏"唯一的区别是,"支离疏"做得过度了。"支离疏"用一种优越、傲慢的姿态想证明给自己和他人看,以代偿社会对他的排斥和轻蔑目光,以及因此在其内心燃起的愤恨。

个人主义

主人公名字里的"疏"字,意思是"稀薄"。因为他的孤立,他失去了自己与真实社会和家庭的联结。"疏"字意味着他缺乏"厚度"或"实质"。正如我们所看到的,他只关注自己,只为自我生存和欲望而活,在中国古代文化背景下,这必然会让他成为一个微不足道的人。

和许多传统社会一样,在中国古代,个体的属性是由其所属的家庭关系网所决定的,如局部的(村庄)或更广泛的(家族)。

在中国悠久的历史中,一些罕见的声音捍卫了个人主义。例如公元前300年的哲学家杨朱,他主张一种激进的"贵己"理论,声称"损一毫利天下不与也"(取自《列子·杨朱篇》),并拒绝服兵役。他当然受到了很多批评,其观点是边缘化的。另一方面,中国古典思想流派之一的法家哲学(公元前7世纪的管仲,公元前4世纪的墨子),它主张"只要君主需要，个人须舍己之欲望和幸福，为国牺牲思想、工作，甚至生命"，认为这是一种更持久的成功。

儒家学说后来取而代之成为国家统治思想。儒家对独立个体只稍多了些关注，主要强调的还是等级制度和人际关系的重要性，即使历史上中国皇权理解和采用孔子的方式，更多导致的都是个体在等级结构中的自我消解。臣民要服从皇帝，儿子要服从父亲，兄弟有兄弟的责任，朋友有忠诚的义务。但孔子本人也曾说："三军可夺帅也，匹夫不可夺志也。"（取自《论语·子罕篇》）一支伟大的军队，能剥夺他的大将军，但是一个人不能被剥夺其意志。儒家在一定程度上承认个人利益和欲望，但它引导我们去自我节制，十分批判个人主义和享乐主义。儒家首要考虑的是，维护社会正义与和谐，把道德准则和责任感置于个人努力之上。同时也要与自然保持和谐，这是指导我们行动的首要原则。

重视道德的儒家把人分为有崇高价值追求的"君

子"和格局有限的"小人"。后者不懂美德的价值,只追求眼前利益,自私自利,以自我为中心,行动不考虑后果。小人还包括那些持续沉溺于感官和情绪愉悦中的人,只热衷于权力和名利,而无视他人长期利益的人。我们称此为空虚的个人主义,只关心自己和私利。从这个特定角度来说,庄子更倾向于保持和传统的联系。但分歧出现在对社会规则和礼制一味因袭上。

儒家思想对这一问题的态度是要么模棱两可,要么非常明确。有人可能会说,儒学对于服从人道还是天道摇摆不定,而道家显然选择了天道,当传统习俗违背更基本的法则时,道家批判对传统和习俗的任何妥协。这在等级义务、葬礼、尊重规范等礼制义务上尤为明显。礼制同时包含伦理、政治、文化、逻辑、审美等维度。对儒学来说,既定习俗作为一种社会秩序,代表某种绝对性。

从这个传统观点来看,基本上对"支离疏"及其"稀薄"本质的批判就是他不关心社会,更多关注的是自己。他拒绝参加集体工作和对军队冷嘲热讽就是两个最好的表现。因为他把自我关注和自然或现实的基本法则割裂开,所以道家对他个人主义更明显的批判是他对德行的无知、对物质财富的排他性追求,以及对道的无知。对他主要的批判角度是,他表里不一,心事琐碎,沉迷于一己私欲。而儒家也同意这种批评。其主要不同之处在于,对庄子而言,他敏锐的个人主义意识如果集中在更高级、更崇高的目标和关怀之上,这就不会被认为是一个问题。

/"德"的概念/

"德"在中国文化中是一个非常重要的概念,尤其在道家哲学中,重要性仅次于"道"。不过理解它并不容易:"德"有二十多种可能的解释。儒家往往赋予它明确的道德内涵,将其理解为"美德"或"善行",而道家则主张"德"代表"力量""内力"或"整体"。后一种字义更为广泛,不是局限于伦理道德，而是扩大到本体论领域。"德"在这里指的是道之力，或道之实现。例如，道家的开山之作叫"道德经"，意思是"关于道和道之力的书"。

正如老子所写："道生之，德畜之。"（取自《道德经》）说明"德"是使"道"实现的内在力量。有些思想家认为，每个生命体都有"德"，从而每个特定存在都是道的具体表征。"德"无好坏，只是一种强大的驱动力，它可以是消极的，也可以是积极的。然而，我们可以看到力量易被认作美德的原因，因为作为道之力，它必然会实现好的结果；从这个角度讲，它本身不含有否定之意，是一种正向的力量或意志。

有趣的是，"德"和"得"两个字的发音是一样的——"de"，但两者含义却不同："德"是"美德"或"整体"的意思，而"得"表示"获取"或"赢得"。这产生了很多双关语和讽刺笑话，比如"得到之人"实际是指有德之人。正如我们怀疑庄子在这个故事中所做的，他常玩弄这两个词的意思，造成一种模糊感。"支离疏"被描绘成一个实干家,尽管有残疾,但他做得多,也拿得多——十倍多于他生存所需。可他并不那么道德。有人可能会想,故事最后一句话显示,"支离疏"因一种假想的支离之"德"而成为有德之人,但如果仔细看,我们可以发现整个情况的讽刺性。庄子曾经说"至德不得"(取自《庄子·秋水》),意思是完美之力不索取任何东西,"在某种程度上,德应该是空的"。而"支离疏"一点儿也不空:他外貌有缺陷,但他不缺贪欲和身体的力量。他的存在太外在、太明显、太怪诞,他的"德"明显到从外表就能看出来。即使已拥有足够多,他依然无法控制自己想要去获取更多。这种推动力有助于理解"支离疏"之德:尽管有很多身体上的缺陷和困苦,但他仍是一个努力工作的人。尽管身体残疾,但"支离疏"所取得的成就是很多人无法取得的,因此人们会钦佩他的生活态度,可以说"支离疏"的美德在于他从不放弃。

"德"是种力量，但却是种"至高的力量"：它广阔无垠，突然出现、移动，然后万物随之。相反，"支离疏"有一种"农民的力量"：事物不跟随他，但他跟随事物，试图收集和占有它们。"德"与中国传统哲学术语"君子"相呼应，"君子"在英文中常被翻译为"绅士"或"有教养之人"，因为孔子指的"君子"是理想之人，与之相反的则是"小人"。对后者来说，以"支离疏"为例，他的所有行为都为了自己：他没有家庭，不关心社会所需，他只为求生。他努力满足自我需要，所做的一切只为填补欲望之洞。即使当他所做的比所需的多，也依然是和攫取外物相关。尽管这种行为看起来强大而高效，但它并不自由，而是一种源于匮乏的被动反应，从这种意义上说，"支离疏"是"小人"。一些"德"的注释者甚至批评"支离疏"的体力是和真正之"德"背道而驰的，这原本该是一种精神力量。他们表示，任何外在身体行为都会违背和腐化"德"，因为这抢夺的是人类思想和灵魂所需的能量。就像忙于辛苦劳作的"支离疏",其身体状况让这个问题更严重,我们可以想象那些辛劳的代价有多大。

最后我们来看下"德"这个字的字源:它由三个表意文字组成,意思分别为"步""直"和"心"。所以这个字的意思是:昂首挺胸、笔直前行。这与德之力量的概念很匹配。如果看故事的主人公,我们会发现一个明显的矛盾:"支离疏"是弯着腰的,两腮贴近肚脐,双肩比头高,双腿贴着胸旁肋骨——他一点儿也不直。庄子似乎选择了一个具有讽刺意味的主体来展示"德"的真正本质。

老子和庄子都批判一种可见之"德":这不再是"德";"德"带来内心的宁静平和,不用任何显性方式展示,依然能被他人感知。这是我们会怀疑"支离疏"之德的另一原因:无论是其畸形外表,还是过分辛劳,他的方式都太明显,一切都被夸大。他和他之"德"都变形了。而且似乎他行动得越多,他的"德"

就越变形。人们可以明智地得出结论：当德外显时，德便不再是德。

故事最后一句，"夫支离其形者，犹足以养其身，终其天年，又况支离其德者乎"，让人困惑。一方面，可以想象基于"支离疏"一连串的活动，这句话暗示着他是有德之人。但结局似乎又表明，如果他忘其德行，他将更加富有和成功。农民将成王者。一直弯着腰的"支离疏"就会真的弯腰。可奇怪的是，一个畸形的德使他更富裕，这显示出这种"德"堕落的一面。在这种情况下，"德"没有让人进入天道，反而更接近人类。

天道是事物运行之必然，是世界规律、万物之本。人类模式则正好相反，陷入欲望、恐惧、需求和满足等各种意图之中。一旦被意图所困，我们就会忙于赶自己的路，再也看不到真正的大道。那这种"德"就会陷入人性之中了。

阅读理解

1. "支离疏"有残疾吗?
2. "支离疏"有德吗?
3. 如果"支离疏"的德变得扭曲了,为什么他会得到更多?
4. "支离疏"是个说谎者吗?
5. "支离疏"代表的是什么?
6. 为什么"支离疏"要被描写成丑陋畸形的样子?
7. "支离疏"为什么如此辛苦地工作?
8. "支离疏"的主要问题是什么?
9. "支离疏"是原始人吗?
10. 故事的结论有道理吗?

延伸思考

1. 人从根本上是个人主义的吗?
2. 生活是不公平的吗?
3. 人应该不惜一切代价地求生存吗?
4. 是否每个人在某种程度上都有残疾?
5. 做个有德之人是义务吗?

6. 有可能成为有德之人吗?

7. 做受害者有什么好处?

8. 生存意味着竞争吗?

9. 为了生存,人应该做伪君子吗?

10. 德是怎么变畸形的呢?

第二章

罔两与景

罔两问景曰:"曩子行,今子止;曩子坐,今子起。何其无特操与?"

景曰:"吾有待而然者邪?吾所待又有待而然者邪?吾待蛇蚹蜩翼邪?恶识所以然?恶识所以不然?"

——《庄子·齐物论》

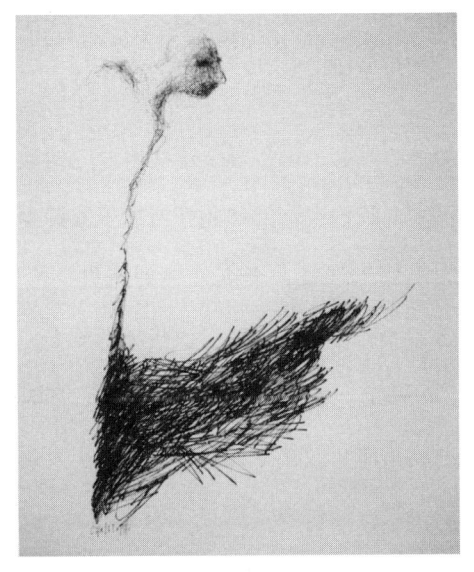

【译文】

罔两(影子的影子)问影子说:"刚才你还在行走,现在你又停止不动了;刚才你还坐着,现在又站了起来。你怎么这样没有独立的意志呢?"

影子回答说:"我因为有所依赖才这样的吧?我所依赖的东西又有所依赖才这样的吧?我的依赖就像蛇依赖腹下的鳞皮、蝉依赖翅膀一样吧?我怎么知道为什么会这样?怎么知道为什么不会这样呢?"

/ 稳定与不稳定 /

罔两显然被影子的行为困扰着。"移动、停止、坐下、站起……"影子这些不稳定的动作令罔两非常不安。我们也常常如此，习惯于依赖事物和事件的稳固不变的现状，否则就感到迷失。若想在我们的观念、知识和行为中建立一些规则流程，我们就需要周围环境有一定的稳定性。如果一切都时时在变且不可预测，那结果将令人非常痛苦并引发焦虑。因此，人们无数次通过找寻因果关系来解释我们身处的环境，这似乎成为人类学的永恒话题。因为如果现实正如我们所观察的那样——在不断变化，那么建立可信的因果法则对其进行合理解释将在一定程度上减少变化给我们带来的困扰：变化背后的规则的稳定性可以在一定程度上弥补多变的现实所引发的痛苦。因此，既然我们不得不面对这种无序和无常，人心自然会努力寻找某种规律性来解释一个变化的世界。而这正是罔两所做的：通过向影子提问，来为自己看到的烦人之事解惑。

他（本章所述的罔两"具有很强的人性化特点"，详见第29页，故用"他"指代，以示与影子的区别。本章中的影子用"它"指代）提问的语气并非纯粹出于好奇或兴趣。罔两唐突而又简洁地描述了影子的这些变化，问题本身也咄咄逼人，他迅速指责影子的操守之缺失："无操守"，这是一种相当严厉的指控。人们可能会想，为什么事物的不可预测性或某人某物的行为会对某个主体产生如此大的影响。第一个猜测是，我们对可预测性的渴望。这种行为的心理特征源于想控制环境的欲望，而这种欲望首先根植于我们为生存而进行的长期的现实斗争。如果世界不可预测，我们将永远不知道危险来自哪里，不知道如何行动以获取所需。第二个猜测，也是一种非常本能的心理学解释。动物们的基本需求是寻找一个能与自己产生联结感的固定居所，这让它们能感受到自我完整性。通过和环境相互识别、确认，我们能建立起自我身份感。正如海德格尔所指出的，人类感受到"迷失"和遗弃感的悲剧正是因为我们没有像动物那样有一个"自然"居所。我们被扔进了无边世界。因此，我们的知识、领悟和理性必须在整个世界和宇宙中创造出一个这样的空间，使我们如回家一般。毕竟家是一个我们熟悉的地方，我们信赖这个地方，从而感觉舒适。因此，为了拥有一个更像家的、不那么随意和残酷的世界，我们利用宗教、科学或其他工具来创造那些基本可以接受的理由，来解释世界不断变化的现实。

现在，让我们来审视一下"操守缺失或无操守"这个批评的本质。它有本体论和伦理学两种含义。从本体论看，"操守"一词的词源意思是"未被触及的"，意味着"初始的"和"完整的"，从中可以得到一种凝聚力和统一之感，进而有持久、稳定的内涵。事实上，假如影子持续改变行为，我们会忽略它是什么、它做什么及其本质——因为影子的表现和外观毫无预警地不断变化。不断变化的事物的本质是什么？当然，我们可以用一个著名悖论来解释：最根本的现实就是万事万物都在变化。但是在我们的日常生活中，在人类的王国里，即便只是出于实用考虑，我们仍然需要依靠一些稳定的、全面的和确定的东西。如果有变化，我们渴望知道它改变的方式和原因：而这种改变必须是可以被理解且易懂的。因此，由于影子所具有的令人无法容忍的未知感和神秘感，我们可以理解罔两对影子的批评和所表达的失望。为了保持冷静和距离感，就必须接受万物的易变性，认同这种纯粹现象，而不是拼命地寻找和期待某种"稳定的本质"。从这个意义上看，罔两具有很强的人性化特点。

从伦理的角度看，当人们"不做自己"时，我们批评其缺乏操守。这种批评针对两种情况。首先是因为说谎：他们言行不一或知行不一，要么为了掩藏隐私，要么试图通过各种卑鄙算计伪造一些其他事实。这种现象的发生要么出于自我保护，要么是被恐惧或欲望驱使，想用不正当手段获取不应得之物。其次是因为他们前后矛盾、荒唐滑稽、摇摆不定或见风使舵的言行。道德的功能恰恰就是稳定性：它设定行为准则来规范我们的行动，并因此带来某种独立于人们主观冲动本能的稳定性。

在汉语中，表现操守的"操"字具有严格和限制的含义：掌握和控制。这种严格性非常符合道德内涵。此外"操"有一种实用的含义，常作"使用"或"操作"等动词用。因此，从本体论、实用主义和伦理的角度看，影子是个令人震惊的存在，这一特质在某种程度上可能使它更接近于"道"，更接近于一种无形的、奇异的和更深层次的事物真相。这一立场从根本上来说仍然属于非儒家的观点。相对常识而言，它太荒谬，怪异得让人无法接受。它非常接近浑沌，因而是"不好"的。

最后，让我们再评论一下"操守"的问题。操守代表着自主性，因为我们得保持完整，没有什么能影响、威胁和摧毁我们。如果我们缺乏操守，那就会对外在有无限的依赖性，因为哪怕是外在最微小的行为都会影响和改变我们的存在,剥夺我们真正的自我。因此,正如罔两所发现的,依赖导致操守之缺失。由于所有事物都取决于一连串超出我们认知的动因,我们的"个性"和"差异"似乎会消失得无影无踪。剩下需要确认的问题是,如果我们依赖他物,当下的自我是否会破坏我们的操守?在某种程度上,我们想要保有这种操守的概念。人们容易认为庄子要求我们放弃这样的概念。我们最本质的操守会存在于"道"本身吗?因为就像影子所暗示的,如果一切都具有依赖性,那么"个体之操守"可能只是一种幻觉。这一理念与佛教哲学和其他东方哲学非常相似。

/因果关系/

正如我们所见,罔两的困惑不仅因为影子行踪不定,还因为其行为令人费解、缺乏理性或因果关系。而这是影子要回答的第二个方面的问题。首先,罔两谴责影子不停变化,这一特点令其惊讶。然后通过此问题，我们理解了罔两谴责的依据是：实体应该具有某种操守，也就是某种稳定性。他对因果关系感兴趣，问的是这种现象的原因，这意味着如果能有解释，事物的可变性就好接受得多，这让变化更正常、更可控。在这里，"因果"是指实际发生的现象，这是更客观的维度，而"原因"一般是指解释或合理化事物的思维方式。"因果"和"原因"这两个重要概念有重叠之处，甚至容易混淆（例如它们在俄语中是同一个词）。但基于其内涵不同，仍须在概念上区分开来。

在影子的第一部分回答中，它通过一连串无限因果解释了这些变化。凡事都是因之果，因本身也是果。从某种程度上来说，一切都以某种方式相互联结着。但我们发现，不像基督教认识论中关于上帝的概念，或任何其他有根源性解释的"首因"体系，这里没有任何"自因"的概念。所以，因为这样一个因果链是无限的，人们可能想知道它指向的是什么。它通过一个实际上"不明确"的"无限性",似乎提出了一个不确定的起源。这与庄子的"物物"(取自《庄子·山木》)和"浑沌"两个概念有关。如果一切都指他物为因,那就会得出某种可以被称为"浑沌"的"虚无"或"不确定性"。在希腊传统中,这种情况被称为"非存在",以其不确定性构成了和"存在"相对的概念。例如,巴门尼德和柏拉图之间的整个争论都是关于这个"非存在"的"事实"或"真相",巴门尼德认为这个"非存在"不存在,而柏拉图则认为这个"非存在"存在。因此,这个"链条"背后的深意是指:一切都出自某些不确定性、某种风险,而这种风险又进而激发出一种确定性,一股能真正产生必然性的强力,因为无论多么强制性的因,都有其特定的果,而现象本身又有其特定的因。换句话说,浑沌是原始的现实,但现实并不浑沌。奇怪的是,浑沌却产生了秩序。在这里,现实所具有的浑沌的一面并不是一个超然的实体,而是一种无所不在的力量,它既处于有限的且确定的现实当中，也笼罩在现实之外。这不是在描述一种像"上帝与世界"那样的二元宇宙，而是一种一元论视角，其中现实有两种作用模式：确定与不确定、平行和相交，两种模式永远相互呼应。

为强调现实不是"纯粹浑沌"这一事实，影子进行了新一番的论证。通过参照"蛇蚹"和"蜩翼"，它提出了另一种至少更为确定和具体的因果关系。我们在这里回顾一下，蛇腹下的鳞皮（原文：蛇蚹）和蝉的翅膀（原文：蜩翼）都是这些动物赖以运动的部位——我们因此理解了它们运动的过程和机制。我们把这种现象称为一种有机的因果关系，原因如下：第一，这关乎生物学和生命形式，其发展非常协调；第二，生命进程的整合功能非常强，局部的发展全面互联，呈现为一个整体，一个统一的全部；第三，因为这一过程是以缓慢而自然的方式发生的，而不是突然的和人为的，这让我们回到现象的可预测性和可理解性上。虽然出于某种原因，影子想要把它的存在与这种有机转化区分开来。它通过讽刺的方式问是否自己的"意外行为"有此特质，并暗示了否定的答案，从而主张自己的危险性。这或许是为了进一步让罔两以及读者接受"一切皆不可预测、不可控"的原则。

结论在此方向再进一步，说明了现实的不可知性。我们知道现实可能会如此，但不知道是否确实会如此。庄子思想的一个重要特点是，他不否定对理性的运用。通过思考，我们能理解某些事情，比如因果关系。但他的观点是，我们不该盲目地"信任"头脑中闪过的念头，要放弃对确定性的执着。影子的结束语明确印证了这个观点。这并不是说我们不能去了解，或者放弃任何理解事实进程的尝试，因为这并不是徒劳无益的。但一些读者在解读庄子的作品时，却常常将其理解为庄子试图放弃对理性的运用。影子的结束语反而让我们思考我们是否有足够的精神输出。换句话说，它启发我们对理性的运用进行元思考。其理念不是放弃理性，而是让理性去审视自身的工作过程。这让我们想起一些西方哲学家，比如康德或斯宾诺莎，他们曾尝试以一种更技术性、更成熟的方式来描述理性运作的可能性条件，并指出呆板的观点、过度的情感、固执的念头和对确定性的渴望所带来的陷阱。当然，庄子相对更为隐晦，但其基本原则和态度却与他们非常一致。运用你的理性，但要观察其运作方式，不要落入"证据"的陷阱。不要认为"我知道"，而是持续探究"无知"的背景。正如斯宾诺莎所说，"无知"是一切充分知识的基础。对斯宾诺莎来说，终极层次的知识，是关于如何证明上帝是唯一实体。这个观点让我们想起庄子的"物物"，是一条让我们去思考而不成为"物于物"的原则。

/影子和罔两/

影子和罔两之间的奇怪对话，似乎隐晦地把我们带入"存在"这个概念之中。因此，我们认为这是一篇界定或区分"存在"与"非存在"的文章，尽管这些概念在《庄子》中并不存在，或者至少存在形式并不明显。有人会认为这一正式的概念不属于中国文化。这种批评从某种角度上看是正确的，但我们认为，在被固化成词语之前，概念指的是一种体验。而"存在"与"非存在"是人类的基本体验，它让我们反思事物、世界、自我，以及一切或多或少有存在感的实体。

影子就是物体在某个表面上形成的黑色形象，比如在地面上，当光源和某个表面之间存在一个物体并使两者形成强烈色差时，影子就显现出来了。因为可被感知，影子有物理实相，但是我们知道它缺乏某种真实性，因为它无法独立"存在"：它一定是其他东西的"轮廓""印记"或"残余"。从这个意义上说，它是一种混合现实：它既"是"它自己，也"不是"它自己。这意味着它既"是"又"非"。当事物在阴影中或在有影子的地方时，我们滑稽而又本能地想要把它照得更亮些，因为想看清楚正在发生什么，想知道"真相""全部真相"，我们不会满足于只有阴影。只有当我们想隐藏，或对光线感到厌倦，或者为了休息而不想看东西的时候，阴影才能满足我们。影子往往具有否定的含义，如"他是自己的影子"。这样的表述意味着他失去了一些"存在感""力量"和"实质"。影子意味着一种"匮乏"，要么缺乏"感知"，要么缺乏"存在"。这两种内涵都是相互联系的，因为存在和感知往往在心理上是相关的。根据英国哲学家贝克莱的名言，存在即被感知。这就是大多数人都试图被人看到和认可，并以此作为确认我们存在的证据的原因。因此，影子代表着某地或某物的黑暗面，我们不能轻易看到那里的人或物，包括我们自己，从而产生某种不安和焦虑。

影子这一概念表示"缺乏存在感"的另一种方式是当它表示他律时：即被他物或他人而非"自己"所决定的状态。彼得只是保罗的影子，这句话的意思是：保罗比彼得更"真实"，因为他比彼得这个"苍白的形象"更强大、更有自主性。影子也暗示由于存在障碍，某事尚未发生的状态。从物理上看，是某些物体阻止光线到达正确位置。就像某些事件、状况或人阻止某事发生，阻止某人行动或存在一样。此时我们可以想起，第欧根尼对亚历山大大帝的著名请求："别挡住我的阳光！"因为那个有权势的人遮住了太阳。因此，影子指向一种假象，一种事物不完美的样子，一种转瞬即逝的现象。它也意味着不确定性、麻烦或困难、一种模糊认知。所以影子有悲伤的基调，就像我们在画中看到的，阴影与光明相对。虽然这种基调相当忧郁，但它让我们思考现实的有限性，思考所有飞逝的、不完美的和有限的存在。影子虽然使我们忧虑，使精神阴暗，扰乱精神的宁静，但它能使我们思考。

光影的相互作用在西方绘画中很常见，伦勃朗和他对明暗对比的不断运用就是一个很好的例子。中国的皮影戏也经常会用到影子。皮影戏是一种传统的皮偶影子表演，它把平面铰接的镂空图样举在光源和半透明的幕布中间，从而产生剪影。古代皮影剧目包括传统或宗教传说、神仙和奇幻故事等。因此，阴影可以用来重现一种具有陌生感的、神秘的、充满恐怖氛围的怪诞场景，正因为这种"更深层"现实不是那么清晰明确，使得我们无法准确判断和表达是与非。这让我们得以洞察庄子对影子与罔两这两个阴影的选择，从而探讨存在的真假。

如果说影子的概念代表了一种模棱两可的、不清晰的现实，那么罔两的概念则在这个方向上走得更远。罔两在某种程度上是影子的影子，或影子边界的那部分。他是影子介于黑暗和光明之间的一种中间存在。从拉丁语词源来看，半影（罔两的英文译文）的意思是"近似影子"，即只有部分光源被障碍物遮挡的区域。他也可隐喻那些存在感较低的周边或相邻区域。因此，罔两不像影子那么幽暗，而矛盾的是，因其依赖性更强,界限更模糊,罔两的身份感更不清晰。在影子里,我们只看到事物的轮廓,也就是投影最外围的形状。罔两则更隐晦,他是黑暗和光明的混合物。

在这个故事中,罔两看上去似乎更自由、更有思想,因为他感到惊讶,因为他质问影子,因为他渴望某些自主权。但在庄子看来,这是一种非常类人的行为,是有问题的。

就像我们之前所看到的,影子用相当平静的必然性视角来回应罔两的焦虑行为。问题是,哪里有最大的自由,或者什么才是更充分的视角?是通过我们自己来决定做什么,还是把自己融入事物的一般秩序中?这是笛卡尔和斯宾诺莎之间的争论,前者认为自由在于我们决策的能力,而后者则认为自由在于我们感知和理解自己决策的能力。庄子显然站在斯宾诺莎这一边,因为他让罔两发现,任何假装能决定自我行为及其动因的做法是多么虚幻。它要么是一连串事件的结果，要么是一个非常自然的和可预测的有机过程。罔两似乎更自由，但实际上却是焦虑的、混乱的和困惑的。此处的观点是，自由虽未始终但却常常是一种幻想中的选择，是为了强化存在感而装模作样的徒劳企图，是一种"过度存在"，实际上是一种人类"意图"的表现形式，没有融入更广阔的现实之中。人类的这种倾向引发忧虑和失望，实际上是导致我们灭亡的原因。

影子不问问题，就做自己，它不想被打扰，只想存在。它不担心是与非。当罔两有身份问题时，他就想知道"为什么"，这让他的存在和精神更脆弱。他不满足于存在的无常、不确定性和无知。这就是为什么这是个根本性问题。罔两之所以提出这个问题，是因为他对于自身存在的不稳定性感到焦虑，而影子却没有。我们能否说，有人了解自我，有人却总在寻找自我，并从未得到满意的答案。罔两拒绝承认自己，无法体会到存在的安宁感。总之，庄子邀请我们在"天道"的平和视角中放松休息。在这无边无垠的大海中,我们能以一种"真实"的方式安宁地存于其中。从这个意义上说,影子的朦胧比罔两的半明半暗更清晰。但要做到这一点,我们必须放下控制事件的欲望,放下把小我从整体中分离出来的执念。

/ 知识和控制 /

就像我们所有人一样,罔两有疑问,罔两想知道。一般来说,假如并不费力的话,我们都"想知道"。其实人类思想相当懒惰。但是对知识的探求(在其文化、历史和个人的局限内)似乎确实是人类的永恒追求。无论何时何地,这是人类一直且将永远要做的事。这种渴望及其结果似乎是人类历史的一个重要特征。许多传统叙事把这种内驱力作为道德的核心问题,具有积极或消极的内涵。例如,《圣经》把对知识的渴望作为人类骄傲和贪婪的象征,通过这种渴望所代表的罪恶来解释我们的苦难。这种罪恶既是神明的旨意,也是自然的规律。一般而言，知识具有积极的含义：人应该学习，应该知道，不管是哪方面的知识——可能是数学，可能是如何更好地打猎，可能是道德责任或社会义务。任何父母都会把这种学习义务传达给他们的孩子。但是在传统故事、宗教、文学或其他方面，我们确实会不时地注意到一些对知识探求的怀疑或批评，警告人们不要追求知识，或至少不要过度，从而陷入追求知识的陷阱之中。这个故事似乎就是这样，罔两对知识的追求陷入怀疑论的阴影中。

让我们提出这样的假设：对知识主要的批评是，它代表一种对权力的追求，或者更具体地说，就算不想成为整个世界的主人，也有一种想控制环境的欲望。正如笛卡尔所说，"自然界的主宰和拥有者"，这是一个在后现代时期被强烈反对的句子。但当我们观察人类时会发现，这其实是一个很典型的历史现象。人类通过知识获得了一种比任何其他物种都强的能力——影响并决定其周边的自然环境和栖息地的性质，甚至改变了整个地球。现在通过漂浮在大气层以及大气层以外的许多卫星、火箭和其他设备，人类还影响着地球外围的空间。出于道德或实用的原因，一些谚语或箴言想推崇一种价值，而"知识就是力量"这句话清晰地表达了这种价值。

罔两提问影子的方式揭示了一些和知识相关的要点。在观察了影子行为的不同变化后，罔两主要的疑问是想探寻那些变化的原因，这意味着人应该知道每个行为的原因，这是一件绝对必要的事，尽管文中并未直接这样表明。看上去他只是在问："你为什么动？""你为什么停？""你为什么坐？""你为什么站？""你为什么要从一种行为转到下一种？""你为什么要从一个动作变到相反的动作？"但他的这些问题揭示了其困扰：改变。改变意味着"无操守"。这种操守之缺失可以同时被认为是一个道德问题、心理问题，以及本体论问题。作为一个道德问题，有操守意味着对己忠诚，拥有清晰和稳定的道德原则，即诚信，并且总体上符合某种集体责任。作为一个心理问题，操守意味着思维、情感、语言和行动的一致性，是由一个特定主体决定的，因此可辨识。从本体论意义上说，对于自己和世界，操守代表着整个特定存在是当下的。他应该保持完整，因为一个零散的存在将被剥夺自我，将失去操守。

我们可能会问自己："为什么罔两会被影子行为的变化所困扰？"有人可能会说，"只是好奇"，但很显然好奇心背后经常有个动机，要么是一种渴望，要么是一种恐惧和意图，以此来解释"好奇心"。而一般来说，关于罔两想探求知识的动机，我们可以怀疑其和控制有关：我们无法接受某些事物超出了我们的理解。因为不理解，我们不知道接下来会发生什么，而这种不可预测性让我们有种无力感，让我们自觉愚蠢和徒劳。知识即理解。它意味着获取、指挥、理解、掌握、完成等所有表示"控制"的词汇，因为有了知识，我们能够"做事"。换句话说，知识即实用，它总是导向专业技能。而与此相反，不确定性和不可预测性给我们带来危险，剥夺了我们的力量。

/《周易》/

《周易》，英文翻译为"变化之书"或"变化的经典"，从影响来看，这是人类有史以来最重要的书之一，是最古老的中文书面文本。虽然在过去和现在，《周易》主要用于占卜，但它为哲学分析提供了丰富的材料。《周易》由64个别卦组成，而它们又基于8个经卦。每一卦都是由6条连续和不连续的线[1]组合而成，连续的线是"阴"（女性、黑暗、寒冷、包容），而不连续的线是"阳"（男性、活跃、光明、激情、成长）。阴和阳的汉字至少在公元前14世纪就出现在甲骨文中，古代中国人占卜时使用的各种动物的骨骼遗骸主要是龟壳。作为一个发展了数世纪的实

1　编者注："此处连续的线其实是指"——"；而不连续的线指"— —"。

践，这些线源自投掷钱币或蓍草占卜的结果；然后这些线的组合会告诉你该解读哪个卦。所有的卦都有卦象，每个卦象都表示一个基本观念，不过有时也会有复合观念。每个卦由两个具有相对互补和辩证关系的单卦组成，而这一长串的组合则展示了统一的原则（道、德、气）。

《周易》常被认为是关于宇宙及其中所有变化过程的代表性著作。古往今来，不同的思想家们一直在争论，这部作品在多大程度上可以被视为哲学，或者是否只服务于创造它的初衷：指导未来行动，或更简单地称其为"预测"。《周易》的构成最先是由伏羲的一份初始卦表设计而成的，曾子、朱熹，尤其是孔子等作者的多角度诠释极大地丰富了《周易》的内涵。

《大传》把《周易》描述为宇宙的一个缩影——它象征性地说明了变化的过程。《周易》给智者一种超越眼前的可能性，使人能够把握事件背后的规律，因此不会对物质世界丧失信心。后来，一些理学家反对这种解释，认为从这部著作看出的任何哲学意蕴都是夸大其词，应该只把它看作是一篇关于占卜的文本。否定《周易》的哲学意义的另一个原因是，《周易》内容模糊，难以解释，很难在这样的解释中主张客观性。主要的障碍之一是文本的形式与内容是一致的，都关乎变化，没有什么是明显确定的：固定的意义难以琢磨，一个概念总是慢慢演变成另一个。

64卦或概念不是稳定的实体，它们反映了一个持续的流动和变化。例如，第一卦是有创造性力量的"乾"（纯阳性），它过渡到第二卦有包容性力量的"坤"（阴性），没有它前者则无法调动自身。"履卦"让位于"泰卦"与"否卦"，因为事物不可能在自由中无限发展。"大有卦"让位于"谦卦"，只有这样才能得到"豫卦"。若没有对立面，任何状态都无法单独存在，若没有这种不断的运动，则没有一种状态能诞生。在《周易》里，世界的稳定性存在于一种永恒的不稳定性之中：就像呼吸一样，每一次吸气都伴随着呼气，每一次断言都伴随着失败。在这样一部作品中很难看不到哲学意蕴：64卦及其关系巧妙地定义了中国人的世界观。人们甚至不需要精确地把握这个或那个概念的本初含义：看看这些概念之间的关系就足够了。人们只需从最开始的乾坤两卦中就能看到力量的收放，就像在呼吸一样。

《周易》关注的是整体过程，把宇宙描绘成一个持续的运动：一个物体变成另一个，对立面平稳地相互转化，没有任何断裂和阻力。变化是无形的、基本的，是万物的母体。然而，由于其不可见性，它往往不被察觉和思考：人类更倾向于看到明显的和眼前的东西，而整体作为一切可能性的条件留在了背景之中。

人们可以把这种观点定义为一种演变性视角，一种无为，这与总是存在着好与坏相互对抗的戏剧性视角相反。《圣经》描述了上帝之言把世界从浑沌中拉出来的那一刻。和基督教不同，《周易》没有引入真实的主体，没有来自任何主体的行为。没有确定的事件，只有事物的永恒重组。同样，那些进程无法被抑制：阳将其力量托付于阴，阴又滋养阳，循环往复永不停歇。似乎每一次阻力的出现，都会立刻被一种相反性质的力量平息。这个巨大的进程是所有行为发生的背景、大舞台和母体。但是，若是想研究规律、思维形态和世界秩序，就需要我们站在更加宏观、客观的角度去审视这一切，而不需要寻找神话或某种确定性，也不需要为我们自己的存在提供某种明确的根据。

在这个故事中，罔两被影子持续的运动所困扰：他抱怨其行动过于随意。影子通过一些因果原理来解释：当其他物体动时它就动，其他物体停时它也停。根据罔两的说法，缺失了操守，影子只会陷入一连串繁忙的事物之中。罔两想知道某些明确的原因，从而消除由于缺乏确定性而产生的焦虑。但罔两似乎忽略了影子的行为背后更大的格局：他看不到不稳定性的稳定性，看不到事情发生的更大原因。罔两想要影子有存在的独立意志，能成为一个自由独立的主体。因此，罔两需要紧张和激情，因为身份感总是带来阻力和某种程度上的戏剧性。罔两希望影子作为一个不同于他物的独立存在；他认为依附是一种较低级的存在形式。

在《周易》中正相反，依附被称赞为使存在成为可能的条件：伟大依附于谦逊，正如谦逊依附于伟大一样。这种依附性产生了一种不同的自由：这不是罔两看上去渴求的自由意志，而是一种必然的自由，一种事物的超然的或内在的秩序。两者的区别在于，一种是明显的蓄意行为所导致的转瞬即逝、虚幻的自由，而另一种则是真正的自由，是不作为的"无为"。后者在《周易》中有详细的描述：所有事物都有与生俱来的内在力量，它不依赖于某个神明的外在意志，不取决于环境，不由事件引发，不被内在欲望影响。没有任何主体能够真正扰乱这种事件的进程，没有力量能够撤销它，没有意图能够困扰它。不存在真正的冲突，只是相对立进程的自然结合。

现在让我们试着呈现和概述这64个概念，即《周易》的核心和原点，这会有别于后来学者们繁重的释义工作。为了便于理解这一"概念表"，我们试图通过传统的西方哲学范畴对它们进行分类。但在此之前要给读者一些预警。

首先，所有的概念都是成对安排的。第二，分类和区别不是很清晰，因为许多概念是具体而非抽象的，这意味着它们不"纯粹"：往往包含不同的思想或与其他概念相重合。出于这个原因，我们有时会用更多的词来充分表达这个概念。第三，一对要素有时是对立的，有时它们更具有因果关系，不过"限制"和"起因"可以被理解为具有不同形式的相似功能。但在整个过程中，人们总是能感觉到一致性和连续性。最后，我们提出的概念表尝试着简化原始的中文术语，这样读者可以更容易理解。显然，任何专门研究这一主题的学者都会批评这种草率和简化的做法，甚至认为这是不可原谅的。但是，传统的博学深奥的方式神秘难懂，当读者面对完全陌生的文本时，他们很可能会被吓跑。相比之下，我们更愿意提供一种精简的版本。但我们欢迎大家对以下列举的概念提出不同解释。对于普通读者来说，请思考我们提出的列表的含义、趣味和价值。

《周易》概念表

本体论： 【乾】行动　　【坤】被动

　　　　 【坎】深渊　　【离】连接

　　　　 【损】减少　　【益】增加

　　　　 【夬】突破　　【姤】相遇

　　　　 【困】枯竭　　【井】极小稳定性（水井）

　　　　 【革】修正　　【鼎】革新

　　　　 【既济】建立　【未济】无穷变化

存在主义：【遁】退缩　　【大壮】繁荣

　　　　 【晋】发展　　【明夷】有害事故

	【渐】前行	【归妹】结合
	【丰】充裕	【旅】背离
	【巽】进入	【兑】满足／快乐
	【涣】分解	【节】规则
心理学：	【屯】起始之难	【蒙】年轻愚蠢
	【需】滋养	【讼】怀疑／冲突
	【谦】谦逊	【豫】满足
	【随】跟随	【蛊】动机
	【临】问题	【观】沉思
	【家人】家庭再生	【睽】家庭疏离
	【中孚】确信	【小过】过度
社会学：	【师】军队	【比】团结
	【小畜】个体暂缓	【履】行礼／联结
	【泰】和平／繁荣	【否】停滞
	【同人】人类友谊	【大有】巨大占有
	【咸】影响	【恒】持续
	【萃】聚集	【升】提高

行为：【噬嗑】果断行动【贲】优雅

【剥】分裂　　　【复】返回/反复

【无妄】遵循　　【大畜】成功/人才储备

【颐】营养　　　【大过】增长/过剩

【蹇】困难　　　【解】解救

【震】惩治工具　【艮】休止

> **阅读理解**
>
> 1. 为什么罔两会被影子的不稳定性困扰？
> 2. 影子缺乏操守吗？
> 3. 影子回答了罔两的问题吗？
> 4. 罔两想要什么？
> 5. 罔两比影子自由吗？
> 6. 影子是明智的吗？
> 7. 罔两是专注于自身，还是影子？
> 8. 为什么庄子选择影子和罔两作为故事的主角？
> 9. 影子是真实存在的吗？
> 10. 为什么罔两质疑影子？

延伸思考

1. 我们应该担心自己的身份吗?
2. 依赖有什么麻烦?
3. 我们总是某物的影子吗?
4. 为什么我们想知道事物的原因?
5. 人生有稳定性吗?
6. 我们是自我的囚徒吗?
7. 有没有所谓的"首因"?
8. 什么让自由更多:稳定性,还是不稳定性?
9. 知识是一种控制吗?
10. 我们的操守是由自我,还是由他人决定的?

第三章 浑沌之死

南海之帝为儵,北海之帝为忽,中央之帝为浑沌。

儵与忽时相与遇于浑沌之地,浑沌待之甚善。

儵与忽谋报浑沌之德,曰:"人皆有七窍以视听食息,此独无有,尝试凿之。"

日凿一窍,七日而浑沌死。

——《庄子·应帝王》

【译文】

南海的帝王名叫儵,北海的帝王名叫忽,中央的帝王名叫浑沌。

儵和忽时常在浑沌那里会面,浑沌待他们很好。

儵和忽商量着要报答浑沌的盛情款待,说:"人们都有七窍,用来看、听、吃饭、呼吸,唯独他没有,我们试着给他凿出来。"

他们每天给他凿一窍,凿到第七天,浑沌就死了。

/ 速度 /

故事中的两个主人公：南海之帝儵和北海之帝忽，都与时间和仓促有关。故事中他们（由于本章中的儵和忽更具"人类的思维特质"，而浑沌则具备"'非人类'特质"，详见第68页，故用"他"代指儵或忽，而用"它"代指浑沌）两位是主要的行动者，而浑沌在故事的叙述中则显得比较被动。同时他们两者也都具有某种形式的速度，前者是行动节奏快，后者则是行动发起的速度快，这两个名字的区别在本文中不太重要，名字的含义暗示了他们后来的行为。由于对两者没有太多了解，我们主要考量的是他们的存在所具有的速度暗示了某种"灾难"——在这个故事里便是中央之帝浑沌的死亡。当然，"速度"作为问题的起因在这里是显而易见的，我们可以把速度当作一个简单的概念来看待。我们可以轻松地说，如果一个人不花时间思考而仓促行事，那么他的行为很可能存在问题。在这里我们要提醒读者一则笛卡尔的警句:"谨防草率。"这是一个良好的思维规则,因为仓促意味着我们要进行最浅显、最直接、最不深思熟虑的假设。但是仅从谨防草率的角度来进行解读是有局限性的,因为这个故事本身还具有存在论或认识论的维度,能够帮助我们理解庄子的世界观。

正如这个故事启发我们的,"速度"的第一个问题就是他过于关注结果,他若非因为要朝着终点前行,那无论是在做决定,还是在实施行动时都不需要迫不及待或匆匆忙忙。与之相反,我们可以提出一种以过程为基础的世界观。在这种世界观中,运动或行动本身是值得关注的,不受其结果影响。进一步讲,我们可以设想一个以"道"为基础的世界观,在这个世界观中,过程也是根本性的,但这个过程是一种不涉及任何决心的过程,一个不被任何意图阻碍或束缚的过程,一种"自然"的过程。如果过程是决定因素的话,就不会有任何期望将行动推向某个终点,整个过程也不会由于想要加速而被施压。事情会按照它们发生的方式发生，没有不耐烦的表现，也没有人为的力量施于其中。

从这个意义上讲，浑沌是永恒的，它无始也无终。它既没有节奏，也没有内在的时间结构，它没有被外在的时间束缚，甚至同任何外在的时间都没有联系，这令它同时间性完全绝缘，它和急促的概念也就完全沾不上边儿了。与浑沌相反，我们可以说"万物匆匆"，就如同"时间"与"永恒"是相对的。当然，在浑沌之外，与浑沌相比，一切似乎都是急切而匆忙的，这正是由于开始了特定的过程并建立起了特定的导向这个简单的原因。这就是为何浑沌位居中央，这是无决定的位置：它是对称的，它用一种模糊的方式在自身之内移动。当南海和北海偏离了中央，他们都被放到了一个特定的区域，他们必定会朝着远离自身的方向移动，一旦失去平衡，他们必将趋向那位于中央之地的浑沌，就如同故事告诉我们的那样。同时，他们都是"海洋"，他们是动态的、不稳定的和流动的，然而浑沌是一片区域，这似乎暗示着土地，而土地所具有的则是稳定性。我们不要忘记中国文化根植于农业传统，其中土地象征着停泊与稳定。

两海之帝汇聚于中央浑沌之地，这个事件很重要。它同样也暗示了不稳定的存在具有趋于某种稳定性的自然倾向，如同江河奔腾而下倾注于湖海那样。一切事物都会服从熵增定律，趋向于最低能量级。而且这样的过程不可能是缓慢的：一股不可控制的力量将两海之帝猛烈地推向中央的稳定之地。这个故事告诉我们，在那里浑沌待之甚善。这说明他们在那里如鱼得水，感觉很"舒适"。一方面是因为他们来到了一个稳定而安宁的地方，另一方面是因为他们遇见了自己的反面——南/北，并与自己的反面结合在了一起，于是达到了某种平衡。他们不再需要加速，他们已到达安息之地——他们最终的目的地。然而，我们可以想象，本性向他们下达指令，他们"必须"回到初始的地方，回到他们"天生"的地方，回到他们

"最初的存在",但他们将会从这个初始的地方一次又一次来到浑沌之地。这种永恒的运动很可能象征着一种穿梭,在中心与边缘之间,在分分合合之间,在平衡与失衡之间,在形成与破坏之间,在生与死之间穿梭。这种穿梭运动可以解释仓促产生和持续的原因。

/区分/

儵和忽,他们是不同的存在,一个来自南方,一个来自北方,他们来自现实的某一个方向,也有自己存在的方式,他们是有倾向性和偏见的,因此我们也可以说,他们是不完美和不完整的。当然,他们非常享受在浑沌之地相会。首先因为他们遇见了彼此。就像一对完美的伴侣那样,他们遇到了对方——他们的对立面、他们的另一个自我、他们的镜中之像,因为对方就象征着他们所不具备的特质。通过这种不时的团聚,他们体验着一种充实感,这让我们想起柏拉图在《会饮篇》(*The Symposium*)中向我们讲述的那个神话，伴侣本是一体而后被分离，他们因这种分离而饱受煎熬，他们永恒地寻找着彼此，渴求着他们失去的那部分，这种伴侣的重聚是他们感觉圆满和快乐的必要条件。他们享受见面的第二个原因是浑沌之地象征着必要性的缺失，因为这里不存在决心：这个地方什么都不缺。决心、偏心、区分，这些是必要性的母亲。如果我们不分离，如果没有任何特质，如果没有任何区别，又怎么会有任何需求呢？需求这个概念暗含着需要某件非常基本或非常重要的事物，并不仅仅是出于我们自己的强烈欲望而想要得到某件事物，而是因为它暗示着一种匮乏感、一种缺失感、一种剥夺感，换而言之，某种形式的痛苦。在浑沌之中，一切是不加区分的，在那里没有需求，因为没有什么事物是真正分离的，不完整的存在形式还未出现。

当然人们可以琢磨为什么两位帝王都放弃了这个美妙的地方而回到了他们那偏离之所。第一个回答比较显而易见，他们只有在他们所居住的领土才是帝王。离开他们自己的领地，帝王就只是一个尊贵的头衔，没有任何实际意义。在浑沌的领地，他们只是客人，没有任何权力、身份和地位。然而，与人和任何其他生物一样，他们希望拥有存在感，而拥有存在感最主要的体现就是行使权力。所以有意也好，无意也罢，他们最后只能杀死浑沌。

这两位帝王都拥有人类的思维特质，一个明显的证据就是，他们认定人类是万物的标杆。因此，他们想帮助浑沌拥有人所拥有的特质来使浑沌更像一个人。他们不明白浑沌的"非人类"特质恰好是其本质，而把它变成人只会杀死它，因为浑沌将丧失它与人性截然相反的特质，而且因为变成了人，浑沌注定也会像人类一样死亡。第二个显示他们具有人性特点的证据是，他们对浑沌的态度。他们通过善意和赞誉表现出友好和善良的品质（这一点在以后章节会详细论述）。因此可以说，他们的动机是为体现自身存在感，这个欲望导致了他们一定要给浑沌做区分。

这种区别事物的渴望不仅存在于主体内部，也存在于事物与事物之间的关系中：我们渴望辨别和划分事物，渴望区分头脑中的想法，渴望对我们在环境中遇到的所有个体都加以认定和分类。我们希望所有的事物都被我们分好类，一个一个地独立存在，否则我们就感到迷失和无能。

庄子对此有一个形象的比喻："其发若机栝，其司是非之谓也。"（取自《庄子·齐物论》）出于某种奇怪的原因，对人类来说，对事物做判断有一种难以抵抗的魔力。人们说"这是对的"或"那是错的"，其实是在说"这个是这个"或"那个是那个"，而"这个"则暗示了某种具体的身份，不是其他身份，更加不是"什么都不是"。我们需要确定每一件事物的属性以避免迷失，以获得对现实的掌控感。需要再次强调的是，庄子用"速度"作为标准来衡量"判断行为"，并将其比喻成"离弦之箭"这种极快的速度。正如我们日常所见，人们给事物进行分类并不是为了做选择，而很明显是来源于一种难以克制的强烈冲动和需要。人类确实不喜欢模糊的知识，正如康德在书中所做的比喻，判断之于知识，正如谓语之于主语。因此，虽然故事中的浑沌代表着一切事物起源时的浑然状态，虽然庄子对其极为青睐，可怜的浑沌却饱受人类强烈的辨别欲望或冲动之苦，浑沌的遭遇隐喻了人们企图明确事物本质时惯用的思维方式。人们永远都会通过问"它是什么"，来乞求一个解释。

这个故事的作者想告诉我们，我们多数时候本着最大的善意，却无意中忘记了沉默并违背了"道"，我们每时每刻都在扼杀"道"。保持浑然的状态让人太不舒服了，尽管这是通往灵魂安宁的最好途径，也是看待世界最恰当的角度。

最后，也是最主要的一点，浑沌被杀死的方式也很不寻常：它的身体被凿了孔。这些孔恰恰象征着区分。它的身体本来是一体的，没有分别的整体。孔划分了不同的部分，特定的排列方式和结构被精密地设计出来，浑沌变得能够被分解了，如果它有能被分解的解剖构造，那么它也会有生理机能，它会像人一样经历不同的成长过程。因此，它现在将拥有主观意识，有表面和内在。这样的二元性表示，它不再是一个整体了。它将服从于动作和时间。从时间和空间意义上讲，它将不再永生，不再安宁，不再拥有自己独特的本质。因此它注定会死！

/行善/

庄子很可能接受的是儒家传统教育，因此他的很多著作必须结合儒家思想的观点来阅读。在庄子生活的年代，儒家思想早已奉行多年，庄子的著作对儒家的很多道德和观点进行了参考、评论或批判。在《庄子》这本著作中，对儒家思想的创始人孔子的评价出现过多次；这些评价角度不同，褒贬不一。我们发现书中反复出现一些与儒家思想不同的观点，其中一个就是针对"仁"这一项道德标准的。"仁"是儒家著作中的重要内容，但道家学派的代表人物们却时常否定这一思想的价值。"仁"是儒家提出的一个重要概念，具有多层含义，比如"人道""人性""美德""善行""慈爱"等。所有这些含义都有两个共同的潜在内涵，即每个人都具备拥有"仁"的能力；"仁"体现在仁者行善。儒家把仁者叫做君子，君子的行为有别于小人。可以说，在儒家的世界观里，"仁"是一个道德观成熟的人所必须具备的美德。

在道家的奠基之作《老子》中，我们也发现了对这种"行善"或"人道"的批判。原文中是这样写的："故失道而后德，失德而后仁，失仁而后义，失义而后礼。夫礼者，忠信之薄而乱之首。"这句名言阐述了道家的伦理价值观，意思是假如"仁"成为人们的美德——由于"仁"直接来源于"道"，那么"道"从万物的基本原则退化成了"仁"这个衍生出的概念。"仁"是走向某种变质、失道的第一步。庄子也做了同样的批评，但他批评得不太坚定，有点似是而非。他说"至仁无亲",意思是最高境界的仁不行孝。他给"仁"定义的地位比较模糊,介于人道和天道之间。天道指的是道家崇尚的大道,这个分歧我们以后详述。在这个故事里,我们把注意力集中在他对"人道"的批评和对"善意"和"行善"的质疑上。

如前所述,北海和南海之帝都很有人情味。他们高尚品德的表现之一就是他们愿意行善做好事。显然行善当然是好的,无需赘述。那么他们这一次对浑沌的行善到底错在哪里呢?首先,按照道家的观点,这两位帝王的行为背离了道的基本法则,因为我们出于一种意图而行动,而不是出于某种必然性。他们的行为有某种计划性,意图是"得到些什么""产生既定的效果",而不是出于做法本身的好处。意图代表着堕落的开始。我们已经知道"德"有多重含义,从力量本身到获得某些事物的想法:德是次品,是冒牌货。所以"给予"值得怀疑,因为事实上人们总是希望能从自己的"给予"中得到回报。

让我们回到这两位帝王的做法上来。他们既不了解自身所处环境的实际情况，也没有领悟到浑沌的实际情况。浑沌实际上什么也没做，它只是顺其自然。两个帝王寻找彼此，他们就像寻找镜子中的另一半。因为他们不完整，他们想要寻找一个安宁完整的地方。但这两位帝王在不了解浑沌的运作方式和情况时，就给浑沌贴上了"有人情味"这个标签，仅仅因为浑沌和蔼可亲并热情款待了他们。因此，由于浑沌为他们"做了些事"，浑沌应该为此得到回报，就像一个做了好事的孩子应该得到大人的奖赏一样。当然，这种心理本身就暗示了一种取悦他人的努力和欲望，以及得到爱和认可的欲望，这种人性化的投射与浑沌的本质相去甚远。因此，作为拥有权力的人，这两位帝王决定要对浑沌的"善行"给予回报，这一决定与他们的角色和地位相符合。一个人把自己置于权威和权力的高地，认定另一个人（下文用"他"代指）是弱小和苦难的、有需求的、或多或少表明了善意的，那么他是应该得到回报的。我们付出额外的努力帮助他，为使他"快乐"或"更快乐"，我们"慷慨地"送他某种"礼物"，因为我们认为他并不快乐。

人在行善的过程中自己会得到什么？首先，他获得一种"美好的""清晰的"良知，让他自我感觉良好，自我价值感增强。其次，这种令人愉悦的礼尚往来，大家互相交换"礼物"会造就种令人颇感舒适、安全和欣慰的"人际关系"，而这会让彼此的良好关系维系得更为持久。第三，行善的人会感觉自己很有能力，因为他认为他能够决定另一个人的身心状况。这是乐善好施之人的共同特点，他们单方面决定去帮助他人，甚至不问一下人家是否想要得到帮助或者想得到什么样的帮助。在这个故事里，行善导致了善行接受者的毁灭。第四，行善的人得到了外界的认可，大家认为他品德高尚。这种认可很容易导致一些形式主义，使得人们希望自己的善行为人所知。

通常我们可以批评说，就是这种取悦或回报他人的欲望蒙蔽了我们，使我们无法深刻地看清现实，也无法深刻反思自己的行为是否必要：我们变得过于关注他人，更过于关注我们自己和自己的欲望。换句话说，仁者是有欲望的，他们是不自由的，甚至是无觉察的、不诚实的，因为他们不知道或者不承认自己的动机，无论对别人，还是对自己。他们如此地善良，太善良了，尼采会说：他们用善意让受害者感到窒息。正如谚语里讲的："通往地狱的路往往是用善意铺就的。"

/浑沌/

世界各地的许多文化中都有浑沌的概念，它代表世界起源时期原始的统一或无分别的状态，是万物出现之前这个世界的存在形式。它代表残缺和完整之间的矛盾形式。一方面因为缺乏奇点而"无"，另一方面却又因为它代表着具备成为一切的可能性而"有"，那些完全"混乱的一切"。人们对浑沌的理解有一些差异，其中的一个差异源于对它自身潜力和能力的看法。积极的观点认为，浑沌可以产生万物，它是发源地，拥有无限的能量。消极的观点则认为，它是"被动的存在"，是"彻底的虚无"，它的潜力是不足的，必须凭借外力才能变得有创造力，才能产生实体。《圣经》里的"Tohu wa-bohu"（通常被译为"空虚浑沌"）就是第二种观点的例子，指的是上帝创世前世界的状态。这种状态是无形的、不可见的、空的，可以说完全没有主动造物的能力，因此需要全能的上帝来干预，用光的力量在一片黑暗中加以区分。上帝造物这个故事认为，物质具备被动的可能性，会被强有力的造物主赋予实质，进而产生万事万物。依照这种观点，对浑沌进行人性化的改造，使大自然的无序变得有序，有积极正面的历史意义。

我们也可以在古希腊关于形式和质料的理论中，即亚里士多德所主张的著名的形质论中，遇到对于浑沌的消极看法。这个理论主张，正如质料需要形式一样，形式也需要质料。浑沌本身是形式的一种缺乏，因而是非存在。这与"万物有灵论"的概念相悖，因为万物有灵论理解的物质都是有生命的，甚至是有意识的，因此不需要外力的帮助就创造了自己。

人们对浑沌的理解的另一个差异是关于浑沌的含义：古希腊哲学家和道家都认为，浑沌是宇宙创世之前的原始状态，无限地空虚但是包含所有的可能；而另一种观点则认为，浑沌是消极的物质，是需要去除的迷茫和负面的状态——在儒家思想的作品中经常出现这种观点。中国人认知中的浑沌通常是神话里的一种生物，经常是没有眼睛和耳朵的，有时还没有胳膊、腿或面部。它可能好斗或愚蠢，需要被"看管"，或者通过施展某种智慧来给它建立秩序。在很多故事里，浑沌有眼睛但是看不见，有耳朵但是听不到，有知识但是不开窍。这种无能可以被看作是一种先天的缺陷和障碍，一种尚未开掘出来的潜力，尽管它具备了它需要的一切，但是它等待着某种力量将它向某个方向推动并赋予它某种目的。

另一方面，它也可以被看作是一种原始状态，是可以并且应该达到的理想状态，是永恒的平和与稳定，无处不在而又无迹可寻。可以说，一旦我们有了眼睛，我们反而看不见了，因为我们只看眼睛能看到的现实的一部分，现实被缩小和减少了；一旦我们有了耳朵，我们只能听到某些特定的声音，因此我们不去听别的了；一旦我们有了知识，我们就倾向于某种固定的思维方式，不再用别的方式思考了。相反，浑沌就是全部，是所有事物的集合。创造为它提供方向，正如故事里倏和忽在它身上凿孔。一旦浑沌有了方向，它就丧失了神性。在它最初的纯粹未被触及的状态中，它是无区别的，但却是完整的，因为一切都同时存在于同一形态之中。而一旦有了区分，它的力量将会被削弱或完全消失。浑沌就像"道"：一旦你认识了方向，你就迷失了方向，任何决心或者痴迷都会导致道的丧失。

然而在很多的解读中,浑沌都是带有立场的存在。儒家和道家都认为浑沌站在非道德的一方。但是儒家因此而谴责它,而道家则赞美它。在许多儒家的文献中,浑沌是一个无德、无耻、愚蠢的帝王。它和另外三个怪物并称为"世间四大邪恶生物",后来它们被赶走了。反观道家的文献,我们发现浑沌抨击道德并留在非道德的一方。从这个故事里,我们可以理解其原因。有德的人用他们的仁慈剥夺了浑沌的力量。有德的人总是有确定的方向,但从某种角度来看却不如无德之人自由,因为他们被德束缚,被自己的知识蒙蔽。就像倏和忽二人,他们处于欠债、偿还、道歉和满足的规划中,知道什么应该做,什么不应该做。相比之下,我们能看到无德者的美德。

道家可不认为浑沌是应该远离和斗争的东西。在他们看来,浑沌是失乐园,甚至是先于阴和阳的存在。例如,庄子就为浑沌辩护,认为浑沌是"本源"，是"归处"。他主张"吐尔聪明""解心释神"（取自《庄子·外篇·在宥》），然后加入无差别的浑沌之中，回到事物的本源中去，不再做一个思想不自由的囚徒，让万物顺其自然地变化。不需要外界做什么，不需要等待所谓的绝对力量来改造世界，不需要上帝赋予形态，也不需要人类来凿孔。与《圣经》告诉我们的不同，摆脱浑沌不是我们想要的，浑沌本身才是我们想要的。

我们不应该试图去理解浑沌，因为它是无法理解的，就像"道"一样。由于人们无法理解它，所以常常嘲笑它，总把它描述成一种无知而愚笨的东西。因此有人批评它无德，因为无知的存在不可能有德，因为它什么都缺。在一些故事里，浑沌是一个没有才能的孩子：它像一个愚蠢的动物一样，咬着自己的尾巴转圈。它不知道自己必须寻找方向，甚至都不知道自己内心深处有任何方向。表面上看，智慧挽救了愚蠢，而事实上这一行为是荒谬的，看上去的愚蠢并非如此：浑沌是至简的，因为它是一切。它没有孔洞，因为孔洞只会让它变得复杂：它要会交流，会与外界建立联系，会使它脱离绝对的简单。不断有作者在文献中谴责倏和忽，缅怀浑沌，他们梦想着能回到浑沌代表的永恒的原始状态。他们的观点是，无知即幸福！

但是在大多数的文献中，浑沌还是令人憎恶的。由于它不道德、愚蠢或丑陋的面目，它到处被人追赶。它要么令人反感，要么深不可测。因此它只会引起人们的敬畏和恐惧。认为浑沌是梦想的天堂，想回到那个最初的状态，困在那没有任何孔洞的地方，有这种想法的人不属于人类。除非把浑沌看作是道的无限循环：它的存在就像一条咬着自己尾巴的蛇，一切都在循环往复，没有先后之分。

作为结论，我们应该提醒读者的是，两位帝王不了解浑沌的状态和举动，对此我们不应该感到惊讶。他们赋予浑沌动机和品质，并想改变浑沌的本性，强制浑沌变成他们心目中的样子。事实上，他们从未明白，浑沌没有形态，他们想以人的形态塑造它，这恰恰杀死了它。他们通过把虚无变成某种东西来摧毁虚无，这是非常典型的人类行为。人类倾向于逃避不确定性，并喜欢确定的事实。如果这两个帝王生活在现代，他们很可能会给浑沌拍个照片，然后把照片传到"脸书"上去，向他们的朋友展示这个难以置信的东西，这种行为就像游客给一些令人赞叹的艺术作品拍照，因为这能带给他们掌控感。

阅读理解

1. 为什么两位帝王一位叫倏，一位叫忽？
2. 为什么浑沌居于中间之地？
3. 浑沌为什么死了？
4. 为什么倏和忽想把浑沌变成人的模样？
5. 这个故事的结尾悲伤吗？
6. 浑沌是强有力的吗？
7. 为什么浑沌没有洞？

8. 为什么浑沌容忍倏和忽在它身上凿洞?

9. 为什么这些洞不是同时凿开的?

10. 倏和忽理解浑沌吗?

> 延伸思考

1. 好的意图有什么不对吗?

2. 意图本身有什么不对吗?

3. 我们知道他人需要什么吗?

4. 行善是否是一种控制行为?

5. 感激的原因是什么?

6. 所有的行动都构成浑沌吗?

7. 无私的行为存在吗?

8. 为什么我们要做区分?

9. 浑沌有必要吗?

10. 我们为什么要改变世界的秩序?

第四章

朝三暮四

劳神明为一,而不知其同也,谓之朝三。

何谓朝三?

狙公赋芧,曰:"朝三而暮四。"众狙皆怒。曰:"然则朝四而暮三。"众狙皆悦。名实未亏,而喜怒为用,亦因是也。

是以圣人和之以是非,而休乎天钧,是之谓两行。

——《庄子·齐物论》

【译文】

辩者们竭尽心力去追求一致,却不知道万物本来就是相同的,这就是所谓的"朝三"。

什么叫做"朝三"呢?

有一个养猴的人,他喂猴子们吃橡子时说:"早晨三升,晚上四升。"众猴听了很生气。养猴人改口说:"那么就早晨四升而晚上三升吧。"众猴听了都高兴起来。橡子的名称和实际数量都不曾增损,而猴子们的喜怒却因而不同,这里养猴老人不过是顺从猴子们主观的心理作用罢了。

所以圣人不执着于是非,而依顺自然均衡,这就是"两行"(物我并行,各得其所)。

/ 无差别主义和决定论 /

这个故事对两种截然不同的观点进行了比较。我们可以将这两种态度称为"无差别主义"和"决定论"。在日常生活和日常语言中,人们面对变化或不同的选择时经常会说"什么也不会改变"或"都是一样的"。一般这种情况通常出现在有个人刚刚提出了一个主张,要么是用一个想法代替另一个想法,要么是用一个行动代替另一个行动,或用一个计划代替另一个计划。而与此人对话的另一方此时却认为这样的主张毫无价值、毫无用处、毫无意义。

就算有变化,它也仅仅是形式上的,而不是实质的,它只构成一种表面的变化,因此这种形式上的变化实际上并不能改变任何东西。而与此同时,提出或推动这种转变的人却认为它的确会产生不同。

在这一点上,双方观点之间的分歧并不是关于两者之间是否存在差别(因为文字上的差别是显而易见的),而是取决于这种差别的意义或实质。对于认为

"没有差别"的一派来说，这个变化（如果有变化的话）相当于一个"极小量的值"，这个数量在一个方程式中被认为是无关紧要的，因此可以被忽略不计。其中一个典型的观点差异体现在"语义辩论"的概念中，当一个人想用一个词或短语替换另一个词或短语时，与他对话的人却认为这种想法是毫无意义或不相关的。

莱布尼茨认为，无差别主义是精神自由的一种形式：无差别的自由，即没有任何力量迫使我们站在某一方或另一方。康德也捍卫这一立场，他认为，这意味着我们需要关注自身，因为我们必须评估理性可能存在的条件，检查理性的功能及其对象。蒲鲁东声称：是我们理性的极度自由，而不是我们智慧的惰性，让我们回到了无差别主义，淡化了激情。这种状态在既定的常规之外保持了我们的意志。无差别主义确实使我们能够从僵化的对立中挣脱出来。

通常来说，关于一个变化是否重要，一种替代是否具有实质意义的观点对立,尽管与理智关系不大,但它仍具有重要意义。例如,在政治领域,人们可以武断地质疑:"投票没有任何意义,因为政客们都是一样的,不管他们站在哪一边,他们都只是一群'渴望权力的人'。"宿命论者亦会宣称:"人终有一死,不必去看医生。"出于不同的原因,人们可能会在这两点上产生分歧,为"差异"辩护,即倾向于所谓的"决定论":事先已经确定了的立场。

在这个故事中,庄子批判了人类。人类就是这个故事中的猴子,看重原本不重要的东西,在无意义中找寻意义。从绝对角度看,"早上三升橡子而晚上四升"与"早上四升橡子而晚上三升"是不同的提议,人们可能因为很多原因对此小题大做。毕竟,有人可能会说早上比晚上更饿。对于许多有争议的事物也是如此:从绝对的角度来说,人们总是能在对立的观点之间发现差异,也总是能在不同意见中找到事实。

但是庄子通过嘲笑猴子的行为来反讽人类,他在此提出的问题是,我们给没有内容(至少不是有效的内容)的事物赋予了价值。因为缺乏某种视角,我们错失了重点,未能重视起本该被重视的东西。亚里士多德认为,我们应该区分"本质的"和"偶然的"。但事实上,我们很容易被愚弄,我们也很容易自我愚弄,我们把明明是转瞬即逝的、偶然的和次要的东西,当作是坚实的、可靠的、重要的存在。

因此,庄子通过他的批判告诉我们,我们的判断是有缺陷的,我们评价事物的方式本身就是有问题的。虽然我们可以认为所有哲学家都会批评说,"没有价值的东西通常被人们赋予价值",以及由此而来的,"有价值的东西却通常没有被赋予价值"。因此,我们可以说,庄子更乐于做一个无差别主义者,因为他的作品中有一种强烈的倾向,那就是对那些绝大多数人和许多哲学家都认为重要的差异发出质疑。此外,他对政治、语言、习俗礼仪和知识的蔑视或批评,也往往指向这个方向。

/ 在意与不在意 /

从全局看,庄子更倾向于引导我们到一个"不在意"的存在主义和心理的立场,而不是一个"在意"的立场,后者将以一种无用的方式预先占据我们的思想,调动我们的情感。他所代表的道家观点与许多希腊哲学家提倡的斯多葛主义的"心神安宁"是一致的:心灵的平静应该是我们在生存上、思想上和行动上的首要考虑因素,我们应该尽力达到一种平和宁静的状态。做到这一点的条件之一是接受世界的现实,不担心细节,也不试图改变那些无法改变、不应该改变或者改变起来没有真正意义的事情。在这种情况下,我们可以判断两者之间的差别是微不足道的,人们因为陷入其中而无法改变现状。

从认知的角度来看,随着故事的发展,猴子们更认同其中一种办法。但从心理学的角度来看,可以说他们对其中一种办法产生了更强烈的联结,也就是所谓的依恋、在意或执着。这种精神上的态度,这种情感上的在意,会在他们心中激起喜悦或愤怒,对他们影响极大。与大众观点相反,这里的喜悦并不比愤怒好,因为这种喜悦缺乏实质,正如斯宾诺莎所批评的那样。此外,这种喜悦是建立在无意识的基础上的。的确,猴子的主人很聪明,他以很少的代价让猴子们高兴,并让它们同意他的新规则。当然,我们也可以辩解说,此人表现出了同理心,表现出了他善于关怀对方的一面,因为他考虑到了这些动物的主观意愿。即使从客观和外在的角度来看,这种快乐是不健康的——因为它是肤浅的和短暂的。但从"在意的角度"来看,它可以被视为一种同理心——让对方快乐,即使他的快乐是没有根据的、没有经过大脑的,但他依旧快乐,你凭什么评判他!

庄子观点的一个重要方面与情商有关。他有一句名言:"且君子之交淡若水,小人之交甘若醴。"(取自《庄子·山木》)然而,君子的"淡而无味"使其与他人建立起一种更为紧密和深厚的关系,而小人的甘甜却可能导致背叛。这使我们想起柏拉图的观点——友谊有三种类型：快乐的友谊、实用的友谊和真正的友谊。真正的友谊的含义并未界定，但却涉及真理和真实性。庄子也是如此，他以义为先，以"纯净似水"的态度来维系友谊或任何其他关系。对这一论点最简单的解释是，快乐或实用暗含着某种类型的期望，对外部因素的依赖，一种即时满足的感觉，因此它必定导致这样或那样的不满或失望。原因各不相同：首先，我们不依靠自己，而是依靠外在的东西来获得快乐；第二，我们把自己的重心放在获得某物上，放在一种占有形式上，而不是放在我们自己身上：这就是"占有"和"存在"之间的经典对立；第三，我们依赖不具备任何稳定性的物体，要么是因为它们在本质上不能持久，要么是因为它们受制于我们无法控制的外部力量。在这两种情况下，如果我们依靠这些客体的存在来获得心灵的安宁，那我们可能会因为缺乏这些东西而不快乐，因为它们的消失而沮丧。我们还会焦虑，因为即使它们目前存在，它们也可能在任何我们不知道的时候，以我们不知道的方式消失，而我们没有有效的方法来阻止这一切。

当然，我们如果明白最初传递给猴子的消息意味着食物的减少，就会理解它们的情绪反应，以及它们所体会到的愤怒。粮食是必需品，生存是首要的，主人减少食物供应必然会激起生理和心理上的不适。然而，如果我们无法改变某一特定情况，又何必为此而烦恼呢？要么猴子们能做些什么，要么什么也做不了，无论局面是否能有所改变，都没有理由让其影响我们自己的心理状态。因为这对事情本身没有任何帮助，而且我们的痛苦（*如果确有痛苦*）只会被放大。回到猴子的故事中，"新政策"所引发的后果并非是"灾难性"的，因为新政策的"第二个版本"似乎令猴子们满意。尽管我们可以说，无论某种既定情况多么令人难以忍受，大脑天生的可塑性最终都能让我们接受它。但这个故事的意义在于，它让我们有意识地决定我们是否应该"接受"或"在意"任何特定情况。换句话说,它让我们获得自主决定自己内在状态的力量。这就是所谓"不在意的在意"的意义所在。我们或许可以将其概括为,用"认知上的在意"取代"心理上的在意"的原则。这意味着要在意对外部世界和我们自己做出慎重而恰当的判断,而不要经历那些无意识且不受控制的冲动和情感反应。

/ 操纵和力量 /

猴子的主人(占有者)绝对是一个聪明人,不过我们应该记住,在某种程度上,"占有"意味着操纵,因为占有者会实施控制。他仅仅通过运用语言的力量和操纵心理的过程,就使猴子们认同新的情况,使它们接受新的食物供应方式。人们可能想知道这个对话过程的运作机制,以及它在心理和脑力上是如何产生作用的。

让我们试着描述事件的内在顺序。起初，猴子们得到了一些坏消息：故事里虽然没说，但显然，它们被告知，它们得到的食物会比以前少；否则，它们听到这个消息时就不会心烦意乱了。它们变得愤怒可能有以下原因：食物的减少、专横法律的实施、感觉自己成为受害者，等等。我们不应该忘记，在故事里，那些动物正生活在笼子里，这意味着它们已经感受了某种意义上的悲伤、怨恨和无能为力，这对于猴子来说是尤其痛苦的，因为在自然环境中它们习惯了无拘无束地奔跑，在大树之间跳跃。而面对这种反抗和愤怒的情况，猴子主人决定仅仅改变食物供给数量的顺序，这是一个相当低廉的花招，然而出于某种原因，他居然认为这计谋能奏效。问题是：这计谋为何能奏效？猴子主人对猴子到底知道些什么，使他认为他的计谋能成功？抑或是什么让这些猴子的心理如此容易被预测？

有一些原因可以解释这一计谋为何成功。首先，作为囚犯而自尊心低下的猴子们获得了某种被认可的感觉：毕竟，主人听到了它们的声音，因为他不惜费力重新考虑他的计划，改变主意并提出了一个新的饮食方案。其次，当它们通过对主人的第一个提议表示不满而迫使主人做出了改变的时候，它们获得了一种拥有自由和权力的感觉。第三，它们对"首因效应"做出反应。"首因效应"是心理学中一个著名的现象，即最初的信息或刺激决定了人们对后续事件的感受。在这种情况下，比起朝三暮四，朝四暮三的方案迅速让猴子感到满意，因为"眼下就能吃到更多"。第四，猴子们的反应是情绪化的，并且相当强烈，但情绪是令人厌烦的，因为它们给人压力，并给大脑和身体带来压迫，而情绪无法持续很长时间。因此，头脑有一种自然的倾向，借助任何机会有意识或无意识地减少这种强烈而痛苦的状态。在这种情况下，"新"的提议创造出这样的机会。第五，猴子的痛苦源于情绪不稳定。与理性大脑所提供的平静和镇定相反，情绪大脑处于一种恒久的躁动状态，很少倾向于思考。需要注意的是，在中国文化中，猴子因其情绪和精神上的躁动特质，恰恰成了没头脑的象征。这种躁动状态是脆弱的，是容易被操纵的。

然后，有人可能会思索，为什么庄子会给我们讲这么一个关于操纵和欺骗的故事。我们知道他不是马基雅维利，不是为了告诉我们如何获取和维持对同伴的控制权力而讲这个故事。我们可以从这个故事中了解到，内容并不那么重要，形式决定一切，包装决定一切，就像如今的沟通专家——"媒体顾问"们所宣称的那样。媒介即讯息，这重新诠释了马歇尔·麦克卢汉的名言。通常为了方便操作，你需要提供不同的选择，无论这些选择多么没有意义。主人提供了恰到好处的空间和维度，在最小程度上给"受害者"自由和权力的感觉。

庄子不喜欢权力——至少那种权威意义上的权力。他多次否定和批评过它。但他提倡在"德"的意义上的权力，即"道"赋予每个人的内在权力，赋予每个人某种正直和自主性。这是一种我们很容易忘记或放弃的个人力量。他批评"那种"凌驾于他人之上的力量，而提倡充分发挥自我潜能。因此，与其说他邀请我们从猴子主人的角度思考，不如说从猴子本身的角度思考。他邀请我们审视这个动物的无能、悲伤及可笑之处，它被禁锢在自己的渺小和愚蠢之中，它在生存需求和神经性行为之间摇摆不定。在他看来，这一切构成了禁止我们抵达"天道"的"意图"，让我们无法挣脱俗人的本性。猴子们要么被迫接受现实（至少在当下），要么应该以一种更加自由和创造性的方式行动。但它们的反应方式却相当原始、轻率、缺乏"嘘"（本义为"缓缓吐气"，取自《庄子·齐物论》），而"嘘"在庄子看来是我们进入"道"的方式和力量，它让我们解放自己，并获得内心的宁静。

　　猴子主人并非典型的自视甚高、控制欲极强的人。从某种角度上说，他是一位导师，一位给予者，因为他给我们带来了某种程度的觉察，因为他是一个"有趣的人"。他的语言和行为的幽默程度代表了力量和自由，他深知我们是如何依赖语言、执着于既定的想法的，又是如何陷入荒谬的恐惧和自命不凡之中的。庄子笔下的这个人物，在某些读者看来，是一个玩世不恭、善于摆布他人的人物，但在庄子看来，他却是生活的主人，尽管方式近乎残酷，但他向我们展示出我们是如何陷于显而易见而又荒唐可笑的斤斤计较之中的。当然，猴子是与人极其相近的动物，人们很难不为它们的可悲之举找到一些理由，无论是从情感上，还是从理智上。

/ 静态和动态 /

到目前为止，我们所描述的心理依赖并不仅仅影响我们的主观性和心理状态：它还影响我们的思考能力，影响我们做出充分判断的能力。庄子试图警告我们不要有这种认知依赖，即他所谓的"夫随其成心而师之"(取自《庄子·齐物论》),即对某一事物或现象持有一种确定的看法或特定的想法。

他强烈批判那些空洞而固执的观念,以及它们对我们的言论和行为的影响。他举了一个哲学流派之间长期争论的例子,在这种争论中,不同的个人之间和学术之间,都是相互对立的。"固有儒墨之是非。"一方以对方所否定的为是,而以对方所肯定的为非。他把这一普遍原则称为"物无非彼,物无非是",即相反的命题之间彼此排斥。随之而来的是"知诈渐毒、颉滑坚白、解垢同异之变多,则俗惑于辩矣"(取自《庄子·外篇·胠箧》)。"坚与白"是学者与不同学术流派争论的一个共同话题,即对于一个特定对象给出综合论断的可能性或不可能性。正如他所解释的那样,语言的主要问题不是我们对事物进行命名或描述,而是我们最终相信语言——自己的或他人的。我们期望语言能描述出现实中无可置疑的真相,一些我们可以依赖的表述,一些我们确定可以重复使用的语言。我们常常执着于无意义的差异和区别，并时刻准备捍卫它们。这意味着我们内心的宁静状态是非常脆弱的，因为我们把自己的情感依附在琐事上，我们准备捍卫那些无关紧要的东西、微不足道的观点和难以琢磨的理论。我们不平和、不快乐、容易被左右，因为我们把价值归于被剥夺了内在价值的事实、论点、现象和语言。

与这种态度相反，为了真正思考，我们必须理解"物无非彼，物无非是"（取自《庄子·齐物论》）。但我们还必须学会什么叫作辩证思维："是亦彼也，彼亦是也。"的确，每件事都有它的"彼"，每件事都有它的"是"，都存在某种身份原则，在这个原则下，事物就是它们自身，而不是什么别的东西。"自彼则不见，自是则知之。"

"知"可以让你以某种方式看到事物的本质。而更进一步，人们还必须理解一个更深层次的原则："'彼'出于'是'，'是'亦因'彼'——也就是说，

'是'和'彼'是彼此相依的。"我们在希腊哲学中也遇到这一原则,例如赫拉克利特,他认为万物都是不断变化的,而对立的事物是同一的。因此他的结论是,一切事物都在同一时间里面,既"是"又"否"。这一主张似乎在逃避逻辑,这位思想家也因此被称为"晦涩哲人"。苏格拉底在他的辩证实践中,永久地展示了事物之所以是这样,正因为它们"不是那样"。亚里士多德后来写道:"对立面是同时诞生的。"

然而,真正困难的可能是将"是"变成"彼"的方法和技巧。所以庄子说:"欲是其所非,而非其所是,则莫若以明。"(取自《庄子·齐物论》)作为一个普遍原则,他写道:"物物而不物于物。"(取自《庄子·山木》)这意味着,一旦我们决定了某物的"物性",我们就认准了一个特定的方法来描述和理解它,我们将其固化的同时也对自己产生影响,我们也成为一个固定的实体。我们停止思考,停止存在,停止活着。事物的本源可以被称为道,但也可以被理解为事物、生命或现象产生的方式、生成的原则和存在的动力。当我们从这个角度看问题时，我们就会意识到观点的对立是无效的，事物的区分是肤浅的。

但这并不意味着我们应该陷入某种懒散的相对论世界观中，这种世界观被无差别和混乱所主宰。因为现实生活中仍然存在着事物的差异，这是一个我们不应忽视的事实。但是我们不应该把这些差异视为绝对的，也不应该把它们看作是可以自我运转和确信无疑的。我们应该意识到对事物做的这些区分有它的保守性和局限性。为了描述普通思维方式中存在的差别，庄子和赫拉克利特都提出，我们可以用静态和动态概念中的对立来区分这两种世界观。一般来说，因为人们自然而然会倾向于稳定的状态，对舒适、懒惰和惯性有一种渴望，因此人们的头脑倾向于接受事情"本来的样子"，也就是接受事物呈现出的样子，而这不仅受到了我们自己的主观性和意图的影响，还受到了与快乐和主观性紧密相连的第一印象的影响。

对于我们来说更难的是,看待事物时考虑其根源,将其看作过程中的一个时刻,一个因结的果,将其置于"大局"中。这样做可能会让我们感到不安。我们往往执着于种种看似最显而易见的"意义"或"事实",究其实质,其实是一种独特、固化的心理现象。就像这个故事里的猴子一样,当现实符合我们的期望时,我们会感到快乐;当现实与我们的期望不一致时,我们会感到悲伤,而我们却没有理解到底发生了什么。

至此,我们已经阐述了不同的观点。我们开始理解为什么庄子谴责我们对认知和情感能量的浪费:"劳神明为一,而不知其同也。"(取自《庄子·齐物论》)

在现实中,从道的观点、本源的观点、事物产生的根源的观点来看,所有的事物都是同一的。但是,由于某种奇怪的原因,我们总试图把它们看成是不同的,我们相信并且想要相信事物是有分别的,尽管现实和理性向我们展示出恰恰相反的情况。这就是"猴子的故事"的寓意，它说明了我们的愚蠢。

作为这个故事的结尾，庄子告诉我们："是以圣人和之以是非，而休乎天钧，是之谓两行。"他不想废除"是"和"非"，他不想达到"一切皆相同"的虚无主义状态，因为在这种情况下，我们的思想、观点和行动都将是无用的。没有任何对立面来调节的和谐将是空虚和无力的。我们需要经历是和非，阐明它们，经历它们，享受它们，并寻求它们之间的和谐。如果根本没有东西去平衡的话，"天钧"就失去了意义。"两行"的思想由此而产生。因此，庄子并不要求我们放弃人性，或否认它，而是从"天"的视角去感知它。与动物只在意必需品不同，庄子希望我们忽略差异和距离，踏上并经历这条人类必经的"两行"之路，一条"道"之路。

阅读理解

1. 猴子为什么对饮食的改变感到高兴？
2. 猴子为什么不明白这笔交易的荒谬之处？
3. 猴子的主人聪明吗？
4. 猴子的主人教了猴子什么吗？
5. 在故事中，哪里可以看到"两行"？
6. 猴子们得到了它们想要的吗？
7. 第一个方案和第二个方案有区别吗？
8. 猴子与人类相似吗？
9. 猴子为何如此情绪化？
10. 猴子的主人有道德吗？

延伸思考

1. 操纵者有什么弱点吗？
2. 人们为什么会关注细节？
3. 我们为什么经常忽略显而易见的东西？
4. 一个人应该努力满足自己的欲望吗？
5. 如何区分本质的与次要的？
6. 我们为什么对别人告诉我们的事情如此敏感？

7. 情感是觉察的障碍吗?

8. 从根本上说,什么都没有改变,对吗?

9. 我们是否对外部变化反应过度?

10. 看到事物间的相同之处比看到不同之处更困难吗?

第五章

井底之蛙

"子独不闻夫坎井之蛙乎？谓东海之鳖曰：'吾乐与！出跳梁乎井干之上，入休乎缺甃之崖；赴水则接腋持颐，蹶泥则没足灭跗；还虷蟹与科斗，莫吾能若也。且夫擅一壑之水，而跨跱坎井之乐，此亦至矣。夫子奚不时来入观乎？'东海之鳖左足未入，而右膝已絷矣。于是逡巡而却，告之海曰：'夫千里之远，不足以举其大；千仞之高，不足以极其深。禹之时，十年九潦，而水弗为加益；汤之时，八年七旱，而崖不为加损。夫不为顷久推移，不以多少进退者，此亦东海之大乐也。'于是坎井之蛙闻之，适适然惊，规规然自失也。"

——《庄子·外篇·秋水》

【译文】

"你难道没有听说过浅井中青蛙的故事吗?它对东海的大鳖说:'我好快乐呀!想出来玩耍,就在井栏上面跳来跳去,想休息就回到破损的井壁边。跳入水中,水便托住我的两腋,撑起我的两腮;踏进泥浆里,烂泥就会淹没我的脚背。回头看看那些孑孓、小蟹和蝌蚪,没有能像我这样的。而且我独占一坑之水,享受盘踞浅井的快乐,这是最大的幸福了。先生为什么不常过来看看呢?'东海的大鳖听了它的话,左脚还没有迈进井里,而右脚已经被绊住了。大鳖于是退转回来,把大海的情况告诉浅井之蛙说:'一千里远,不足以比拟大海的宽度;八千尺的高度,不足以比拟大海的深度。大禹时代,十年就有九年闹水灾,可是海水并不曾增多;商汤时代,八年就有七年闹旱灾,可是海岸线并不曾后退。不因为时间的长短而有所改变,不因为雨量的多少而有所增减,这也是东海的最大快乐。'浅井之蛙听了,惊慌失措,茫然自失。"

/ 平凡与琐碎 /

蛙所描述的以及它所代表的展现了某种相当普遍的世界观。它基本上表达出所谓"即时满足"的各种特点。

首先是快乐。它想玩得开心,过得快活。它跳来跳去、在洞里休息、跳水游泳、踏入泥中嬉戏,它想从中获得愉悦。它玩得像个孩子一样,参加的活动都是无需努力、轻而易举,不带任何教育意义的。这可以被称为纯粹的娱乐。

其次是和别人比较。蛙选择如孑孓和蝌蚪这样非常小的动物,从而感觉很棒,感觉自己很高大,发现自我强大无比。总之,没有任何其他生物可以与其生命之强大和幸福程度相比。这是一种奇怪的机制,人类本能地用这种奇怪的机制来判断自己、他们的家庭或他们的人民是如何比其他人好得多。

第三是自由。能够在想要的时间,想要的地点,做想做的事。当蛙在解释它如何在井中想进就进、想出就出时，它就是这样说的。尽管出井最多意味着绕着这口井的边缘跳一圈，仅此而已。然后蛙还可以选择要么进入水中，要么进入泥中，这个选择在蛙看来是非常了不起的。个体通常这样描述自己的自由，这其实是一种非常短浅而可笑的做法。他们的自由非常微小，他们的选择也相当少，但在这个狭小空间中，他们觉得自己能做其想做之事。这就是斯宾诺莎所谴责的。他写道，酒鬼在决定喝酒时，有一种自由的感觉，但事实上，他受控于内在的约束和限制，而对此他基本毫无意识。这就是庄子对这一类自由的描绘，对蛙的刻画当然也应该理解为一种讽刺和戏弄。

第四是权力或控制。这是构成幸福的另一个重要指标，不管讨论中的这个"王国"有多小。福柯所描述的"微权力"之所以如此流行和具有报复性，有两方面原因。一方面，当个体拥有某种权力时，这意味着他只做他决定做的事，任何其他东西都无法阻挡他的突发奇想。人可以随心所欲地异想天开、反复无常，任何人都不会给他设置障碍，没有人能阻挡他。这种权力的概念是前一概念"自由"的延伸，但如果自由与普遍的环境有关，权力就与他人有关。别人不会告诉我们要做什么，但我们会告诉他们要做什么。不过在这个故事中，我们并没有真正看到蛙是如何指挥他人的。另一方面，拥有权力的人似乎比其他人更好，因其处于"支配"地位而显得更重要，并且似乎更有价值。当然，这个故事倾向于嘲笑这种缺乏延展力的权力概念。所谓独占一坑之水，盘踞浅井所有之乐（原文：且夫擅一壑之水，而跨跱坎井之乐），这是一种有趣的描述方式：把"独占""盘踞"这种强烈的词，和"水坑""浅井"这种存在感很弱的词结合起来，进一步描述了一个相当破小的环境。术语的这种对立性创造出一种非常具有矛盾修饰法的措辞，产生了某种与整个故事非常契合的荒诞感。

　　第五是利己主义。蛙详细描述了它所做的事，那宝贵的小身躯就好像是世界的中心。"跳进水里，水便托住我的腋窝和下巴（原文：赴水则接腋持颐）。"水似乎是专为蛙而存在的，蛙慷慨地让水托住其腋窝和下巴。泥也是如此。这是一个很幼稚的观点：世界是为主体及其欲望而存在的，就像人是上帝给世界的礼物，是宇宙的中心，所有东西都任其支配。我们珍贵的自我及围绕着它的一切被想当然地认为"是最好的了"（原文：此亦至矣）。婴儿型自恋的基本原则是基于一种奇怪的逻辑："跟我有关的就是最重要的，所以跟我有关的就是最好的。"比如，这就是为什么许多人认为他们的家庭如此伟大和特别的一个共同原因，哪怕他们因家庭关系而遭受痛苦。难怪所有其他动物都比不上蛙的壮美和幸福！我们就此得出结论：蛙是一种相当原始的生物，天然质朴，被困在它自己的小我和小宇宙之中，但因为它除此之外什么也不知道，所以它似乎对自己很满意。从这个角度看，即使鳖看起来完全不适合进入井中，更不用说生活在这个缩小的微观世界，但蛙仍然盲目地要求鳖来看望它，我们对此不应该感到惊讶。

/ 有限与无限 /

与蛙的小世界相反，鳖描绘了一个宽广的世界，一个天生就宏大无垠的宇宙。在某种程度上，我们可以说它描述了无限。在典型的中国文化中，抽象往往不是以抽象的形式表现，而是通过隐喻、形象，或通过具体实体来暗喻表现。

在这儿，"千里"的尺度就代表了巨大或无限。想象或表示"千里"依然很难，因为一千代表一个相当大的量，但它还是可理解和可想象的，否则，如果尺度太大，比如"数百万"，这个数字就不再表示任何东西了，它看起来几乎是空想虚构的。和水井相反，"千里"是那么遥远，不能一眼就看到一切。我们很容易立刻看到井口的全貌，但却无法看到或给自己展现一个有"千里"尺寸的事物。它甚至超越了地平线，因此可以很容易代表无限，这是一个具体的无限，并非模糊不清。在某种程度上，因为它被测量过，即使需要时间，我们还是可以走到其尽头的。这就是为什么它尽管巨大，但仍然是具体的。虽然这个距离并不能穷尽海洋的广度（原文：夫千里之远，不足以举其大），但至少我们知道它不是那样，因为它"比那样还大"，这是一个能让我们更好地理解它实际大小的尺度。尽管使用的是常常暗示某种神秘性的"否定式"，但它仍然给我们提供了关于海洋的实际情况的线索。于是，鳖描述的大海，不仅非常宽广，还很深，这又出现了"大于一千里"（原文：千仞）这个尺寸。

深度就更成问题了，因为如果说我们可以持续穿越海洋，可我们却不能持续深入海底。至少在那个时代是不可能实现的。而因为这个原因，深度总有一个更神秘的内涵，因为深不可测。它似乎更难以理解，更不可思议，更像个谜。我们进入井内更深的位置，那里的水和泥被描述为覆盖了脚和脚踝。把这两种介质形容得非常浅，这样做显得非常肤浅。实际上，井可能比蛙描述的要深，但这种动物只关心表面，而不关心深度。不像大海是由纯净的水构成，井中是土和水混合而成的泥。我们怀疑，泥填满了大部分的井。

说完大海的尺度，我们来讨论它的容量，特别是在它的尺度带来的稳定性或永恒性的前提下。当地球上所有的河流都泛滥，当地表所有的水都消失时，大海却丝毫未受影响：它的体积是如此之大，以至于地球上所有的江河湖水，即使有涨有落，也丝毫不会影响到它；海水的深度、海岸的形状和位置都不受影响。这比以往的描述更加表明，海洋是我们无法掌握和想象的。在这种情况下，没有尺寸和量级适于它，因为完全没有任何东西可以与之相比。即使是地球上所有江河湖水的总量，也无法与海洋的水量相提并论。地球上的江河湖水对我们来说已经代表了一种无限，一个巨大的量，就像洪水所显示的那样，是一种强大的自然现象，但海洋仍然是在此之上的另一种无限的秩序——一种超越无限大的无限大。在这个无限秩序之中，我们开始接触绝对，因为没有任何东西能以任何方式影响它，从这个意义上看，没有什么能决定海洋，它是一个无条件的事实。就其完整彻底性的意义而言，它是绝对的，似乎它什么也不缺，因为它不受制于任何生成和变化，不受制于"增和减"。我们没有看到任何东西能限制或约束它。没有什么东西能和它相比，从这个意义上说，除了自己，它与任何其他东西都没有关系。

但这种绝对与"西方"的绝对有很大不同。上帝是西方思维和一些其他文化里最普遍的绝对形式，而这种绝对不是上帝式的绝对，不是超越性的绝对，或者不是那种避开任何物质形式、在世界之外的纯粹概念。它也不是像包含所有其他实体的宇宙那样的绝对，亦非"自然"那样的绝对，即不是万物生发的原则，像我们在"道"的原则中所遇到的那样。

在某种意义上，它是普遍存在的，因为它存在于这个世界上；但在另一种意义上，它不是普遍存在的，因其并不像"宇宙"或"自然"那样无所不在。这是一种相当具体、可测量的"绝对"，因为人可以置身其外，就像蛙过着它的"水井生活"，以及鳖现在的生活。这个"不是绝对的绝对"的有趣之处在于它所容许的自由——因为人可以选择是否参与其中。

文本另一种引发无限或绝对概念的方式是对海洋的描述："无论时间长短"都不会改变（原文：夫不为顷久推移）。通过这样的方式，我们理解到，海洋因其从未改变，从未被修正，从未受到影响，而体现了某种超越性，它甚至忽略了时间的限制：较小、极小，是时间之短（原文：顷）；较大、极大，是时间之长（原文：久）。从这个意义上说，定义它的不是永恒，也非永恒的时间，而是时间实际上并不存在，是一种真正的永恒，一种超越。海洋不知变化为何物，所以即使它仍然是一个具体的"客体"，它还是保留在"这个世界"之外。但我们可以看出,通过这个符号,庄子邀请我们去思考另一个现实领域,尽管这是对现实的真实度量,是判断一切事物的标准。而这让小小的"快乐之蛙的世界"看起来确实很可笑。

/ 茫然 /

在故事的最后,蛙听到鳖描述大海的情景之后,完全惊呆了。"于是坎井之蛙闻之,适适然惊,规规然自失也(释义:浅井之蛙听了这些,大惊失色,茫然不知如何是好)。"庄子所提到的这种惊讶和茫然的状态让我们想起柏拉图对苏格拉底的描述,苏格拉底在不同的对话中对其同伴产生了影响。

在与柏拉图最令人难忘的一次交流中,美诺将这位不知疲倦的发问者比作一条电鳐。通过熟练运用提问方法和辩驳的艺术,这条鱼使它的猎物震惊麻木,陷入沉默,苏格拉底的对话者声称苏格拉底就做到了这些。"在我看来,你似乎就对我做了那种使我麻木之事。因为我的心和嘴真的麻木了，没有什么可回答你的。"这种"麻木"令人惊讶的一面是，通常情况下，蛙像美诺一样都有很多话要说，他们非常健谈。

通过蛙对自己井里的幸福所做的长篇描述和辩护，我们看到，蛙因为深信自己掌握着某种深奥的智慧，于是邀请鳖与之共享。我们在美诺身上也看到了这一点：然而我在许多人面前发表了成千上万次关于美德的演讲，而且在我看来，我做得很好。总的来说，这个高贵的年轻人是相当自信的，他可以长篇大论地谈论美德，就像蛙谈论幸福一样。美诺发现苏格拉底的对话能力是如此的惊人，他警告苏格拉底：作为一个在异乡的外国人，如果做这种事情，你很可能会被当作巫师逮捕。关于这种"巫术"有两个方面：他话语的力量感，不可抗拒；他话语的神秘性，无法解释。在这两种情况下，可怜的听众只能经历演讲带来的影响——仅作为一种感受或情绪、观察受到的冲击，但他们完全不能分析到底发生了什么。

不过，我们可以试着分析这样一种强有力的行为是如何发生的，其机制或原因是什么。我们用"认知失调"这一概念来解释这种现象。失调的说法来自音乐，指的是根据和声原理，那些听起来不悦耳、不协调的音乐组合。

人听到了声音、音符，但在那个时刻，它们似乎不能合成整体，产生了一种情绪、感受和认知上的扭曲，就像我们接收到矛盾的信息一样。认知失调在日常生活中，更多发生在心智层面，就像当我们感知到一些平时不该感知到的东西时，比如一头大象出现在我们的客厅里，我们看到这头大象时肯定会感到惊讶。但这不仅仅是惊讶：这是一种强烈的震撼，伴随着某些困惑，因为我们感知到的信息完全违背了常识和经验。当接收或体验的信息与我们的经验、信仰、情感和理性完全相悖时，这种情况也会发生。不只是困惑，还有一种强烈的情绪，它突然让我们怀疑一切：现实、理性、我们自己以及他人。我们与世界和自我的关系都被深深动摇。除了感觉到怀疑，我们还经历了一种强烈的困惑感，因为我们的惯用方法不再起作用了。可控的疑惑是针对某些我们还可以对其产生回应的特定问题。可是这种强烈的疑惑是不可控的，它极大地动摇了我们身份和世界观的基石，从而使我们产生了困惑和麻木的感觉：我们被正在接收的信息吞噬着。

这种经历可能是偶然发生的，例如，如果发现一个和自己非常亲近的人彻底背叛了我们，而此人或许无意刺激我们；事实上，这个"朋友"可能会试图掩盖信息。而苏格拉底、庄子等智者所运用的"巫术"是基于对心理进程的精通，对人类心理和思考进程的深刻理解。从这个故事中我们可以看出，庄子是惯用此手法的实践者。他明白是什么引发了这种效应：思考模式的转变，以及它所带来的类催眠效果。苏格拉底通过提问做到了这一点，这种技巧有时庄子也用，但这次他用的技巧是通过描述一些不可想象的现实——深不可测的东海。蛙习惯于它的小世界，囚禁于其中，在它生命中从未设想过如此广阔的视野：它的整个世界都陷入了混乱，连其根基都被动摇了。蛙和鳖的两个世界的区别不在于尺寸，并不是说一个比另一个大，或大很多：这是一种介于可测量和不可比之间、有限和无限之间的震撼，两者完全不同，是两种从根本上相对立的视野。对这只可怜的蛙来说，迄今为止它对自己的微小世界和快乐是如此满意。仅仅是唤起这样一种现实，就足以让它震惊。

正如我们指出的，庄子描述的具有催眠效果的心智震惊现象并非偶然。因为语言的表现维度是他写作的核心。他的风格并没有那么多的说明或论证，尽管这种教学方式也在他的作品中出现过，但他更多的是激发读者并让读者震惊，从而让读者产生突破常识的转变，超越有偏见、狭隘以及缺乏完整性的一般观点。这种方式是要从情感和认知两方面克服老套的心智模式，就像我们在蛙身上所看到的，它既有微缩的世界观，也有幼稚或原始的情感。如果没有强烈的干扰甚至冲撞，就不可能发生这种转变。然而这样的转变不可避免地会导致茫然，因为惯用心理机制不再起作用了，这种茫然就像在柏拉图或禅宗哲理学里所展现的，是提升心智进程的一种前奏。否则，当可怜的蛙发现鳖向它描述的难以置信的现实，无限超越它的小世界时，它还会产生什么反应呢？庄子虽然展现出他尖刻的一面，但这种茫然并未帮到可怜的蛙，仍让它处于低能的幸福状态："跳来跳去，在井中休息，跳水游泳，踏入泥中嬉戏。"

/ 君子和小人 /

在这个故事里，两个角色相互对立，在心智、存在方式和道德水准上有明显不同。"伟大的"人和"卑微的"人之间的对立是一个反复出现的传统主题。在中国古典哲学中，理想之人是通过"君子"这个词来表达的，"君子"的字面意思是"君王之子"，因此是高贵之人或精英。在《周易》中就有这个词，孔子也经常使用它。但要知道的是,儒家范式的转变所产生的一个主要文化影响是:人们不再那么重视人的血统或正式身份,反而重视的是人的心智和道德价值。儒家不仅从理论的角度,而且也从现实的社会学角度对权力结构进行了改革。通过重视教育、自我提升和考试,来自下层的有才华之人能进入权力结构,成为太子和其他贵族统治者的实际顾问。这一转变成为中国社会发展的主导原则。因此,"君子"一词所特指的"上等人",越来越多地指的是一种"高尚的精神",而不是指从祖先那里继承头衔的人。由此而论,我们不妨提及这样一个事实,即在权力斗争中推翻王朝的人通过声称自己获得了"天命",从而被赋予了某种正统性。实际上周朝时就出现了这个概念,认为一个时期只能有一个正统的统治者,而这个统治者需要神的庇佑。他们用这个概念来证明推翻商朝及之后统治(公元前1046-前256年)的正当性。天命的观念被儒家学说强化,因为其正好符合儒家的理念,即价值是由一个人的行为而非血统决定的。

在儒家思想中,理想人格是"圣",翻译成英文就是"圣人"或"智者"。然而,由于圣人的境界是很难达到的,因此孔子创造了"君子",这是一个更多人可以达到的层次,"君子"在价值层级上仅次于圣人。"君子"有许多典型特点。他不应该害怕贫穷,因此不应该把追求财富作为目标。他是一个行动之人,做善事之人,而不是一个说话之人,因此他应该讷于言,因为行动比语言更真实,而且人们对语言的空洞和虚幻充满警惕。"君子"必须忠诚顺从,因为他必须融入权力结构,尊重权威。这一点对于道家,特别是对庄子而言是有所不同的。当然,"君子"必须博学,所以他必须从心智和道德方面进行自我教育。他必须学会做自己的主人,不让自己的欲望、恐惧和各种情绪支配其思想、行动和生活。儒家的核心思想是"仁",意为"仁爱"或"利他",这是有德之人的一个关键特征,是儒家理想的外在表现。其理念是：每个人生来就有"仁"的感受，但有些人将其发展得比他人更好。孔子曾经这样描述"仁"："非礼勿视，非礼勿听，非礼勿言，非礼勿动。"（取自《论语·颜渊篇第十二》）总之，要想成为一个政治领袖，"君子"必须达到卓越的伦理道德高度，并通过美德获得内心的平静。通过合乎美德的行动，"君子"使每个人都遵循他的典范，他因其道德品质而受到赞赏甚至钦佩。

与此相反，"小人"则无视甚至不理解美德的价值，仅仅为求生而生活，只追求眼前利益——可能是财富、名誉、权力或仅仅是感官享受。"小人"以自我为中心，忽视其存在的整体维度。他不从存在和认知的层面挑战自我。他不反思，所以他不评价和分析自己的生活和行为，不考虑自己的行为带来的社会后果，他只用短视的方式面对现实。如果统治者不是被"君子"而是被"小人"包围，那么他的统治和人民将会遭受其心胸狭隘带来的苦难。对于孔子来说，政府应该像一个家庭一样运作，从而建立起一个有着共同目标、长幼有序（等级森严）、父慈子孝（下忠于上）的团结的社会。

庄子继承了儒家价值观的许多方面，如崇高思想、道德义务、心智完整。但是，围绕着人类个体的地位和运行机制，两者有一个主要区别。庄子开始否定社会结构、制度、知识、技术以及文化习俗的必要性，而转向任何人都可以接触到的宇宙或自然的法则和力量：这种内在、先天及普遍的人类力量来源于"天性"（生命潜能），它连接到宇宙之"道"的自然周期中。庄子对幸福人生的定义不能和"成功"生活混为一谈：庄子并不在意世俗的成功。从传统或儒家的观点来看，这种幸福人生可能确实很没有吸引力。一个"好人"很可能会放弃社会抱负，在相对贫困的状态下退休，回归自我，培养自己的"天性"。

庄子希望每个个体都能超越自我，并获得超越之后的自由。他崇尚通过个人的自我修养来实现精神自由的理想状态。因此,他反对不利于个体生命力和内在力量的知识和文化。他批判形式化的学问,这对他来说琐碎无用;他支持那种能使人获得全新本性、改变自我的学问,这能让人与现实世界相联结,与"道"相联结。因此,自我实现的个体、目标,都不是孤立存在的,而是一个共享之"道"运行的表现形式。

这种哲学带有基本的个人主义观点。它认为终极价值在于人类与生俱来的东西。因此,拥有与社会及其相关的义务和习俗保持距离的能力,是成为"君子"的一个重要标准。一个人可以生活在社会之中,但不能让社会习俗和义务来决定他的日常生活。

读者很容易认出蛙身上"小人"的特点,蛙只专注于渺小的舒适和琐碎的眼下之事,住在一个封闭的小世界中却引以为豪,而作为"君子"的鳖与无限的海洋相连,接触到事物的实质。难怪可怜的鳖在蛙的井里感到十分幽闭恐怖。而作为结论,我们应该注意这样的事实：当大型动物试图进入"蛙的天堂"时，它被卡住了，它的腿被井口绊住了（原文：*右膝已絷矣*）。

这个寓言向我们解释了一个"大人物"是如何在"小世界"里陷入困境的。就像柏拉图所说，当一个人从黑暗的世界里逃出来，看到光明又回到洞穴里，他无法正常活动，所以其他人会嘲笑他，最终杀死他。因此，鳖在水井里看起来尴尬笨拙。也许这就是为什么大多数人都不想成为"君子"而宁愿继续做"小人"的主要原因之一，因为做"小人"看起来更正常、更快乐、更成功，而做"君子"似乎相当奇怪并有所缺陷。

阅读理解

1. 蛙快乐吗？
2. 蛙的生活有趣吗？
3. 为什么蛙在故事的结尾会"完全迷失"？
4. 鳖明白蛙的快乐吗？

5. 蛙和鳖有什么不同?

6. 鳖对蛙残忍吗?

7. 蛙能生活在海里吗?

8. 为什么鳖要描述海洋?

9. 鳖比蛙更自由吗?

10. 为什么蛙更喜欢的是井之有限而不是海洋之无限?

延伸思考

1. 无知是福吗?

2. 为什么人们喜欢舒适?

3. 人应该拿自己和别人比较吗?

4. 平庸是人类存在的一个共同特征吗?

5. 为什么无穷大会使我们害怕?

6. 我们是否限制了自己的视野?

7. 是不是有些人在"井"里会更好?

8. 幸福是人生的终极目标吗?

9. 我们是环境的囚徒吗?

10. 无限比有限更好吗?

第六章

呆若木鸡

纪渻子为王养斗鸡。

十日而问:"鸡已乎?"曰:"未也,方虚憍而恃气。"

十日又问,曰:"未也,犹应向景。"

十日又问,曰:"未也,犹疾视而盛气。"

十日又问,曰:"几矣。鸡虽有鸣者,已无变矣,望之似木鸡矣,其德全矣,异鸡无敢应者,反走矣。"

——《庄子·外篇·达生》

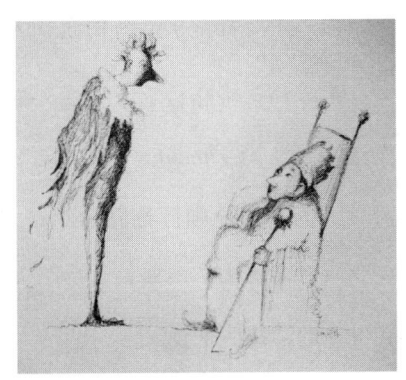

【译文】

纪渻子为周宣王驯养斗鸡。

十天之后,周宣王问:"鸡驯好了吗?"纪渻子说:"没有,正处在空虚、骄矜而任性的状态。"

十天后周宣王又问。纪渻子说:"没有,还是听见响声、看见影子,就吓得啼叫起来。"

十天后周宣王又问。纪渻子说:"没有,还是怒目横眉,气盛好斗。"

又过了十天,周宣王又问。纪渻子说:"差不多了。即使听见别的鸡打鸣,它也不会有什么行动,看上去就像木鸡一样,作为斗鸡它的素质可以说是完全具备了,别的鸡没有敢于应战的,看见它,就会掉头逃跑。"

/ 应激和超然 /

古罗马皇帝和哲学家马克·奥勒留在他的主要著作《沉思录》(*Thoughts to Myself*)中,大力推崇斯多葛学派的苦修原则:将灵魂建立为"内在堡垒"。灵魂之所以被称为一座堡垒,是因为它不为激情的烦恼和世界的动荡所干扰。

这座堡垒平静从容,但它不是象牙塔,而是人们心中至高无上的自我避难所。它是一个有高度的地方,站在那里,人们可以拥有一个宽广的视野;它是行动的基础,使行动可以在适当的范围内进行。

作为皇帝,他是行动派,他必须在乱世中采取行动,但为了真正的效率,他需要并寻求平静。对他来说,人类的行为如果符合整个宇宙和人类社会的规律,就会具有深刻而持久的价值。这个观点不是要避世,也不是要对外部世界视而不见、万念俱灰。在他的书中,马克·奥勒留努力将三个至关重要的精神和存在主义原则付诸实践。正视现实,把自己从所有情绪和认知的偏见中解放出来。以爱和理解接受所有事件，因为它们是自然规律的结果。为造福人类社会而行动。在这种哲学姿态中，人们可以识别出一些任何人都可以通过理性和常识获得的基本的、自然的智慧，识别出在不同文化中都可以遇到的一种带有不同倾向性的态度。

"呆若木鸡"的故事在文化和哲学上存在一些差异，但它给我们展示了这类智慧的一个重要方面。故事所阐述的主要问题是：回归自我的能力——以便更充分地应对世界及其变迁。故事给我们呈现了一个惊人的矛盾，因为这种动物本应该接受打斗训练，而驯鸡者却将它训练成与"斗鸡"完全相反的样子。如果我们按照他的判断视角来看，那么这只鸡就不应该是精力充沛的，它不应该恃气，它也不应该对外界刺激做出反应。但根据常识，这些标准却与斗士的素质相反。它被描述成"像木鸡一样麻木"，这个想法让读者感到震惊。他们一开始不理解驯鸡者的解释，也不明白他正试图让他的小公鸡来完成什么。为了阐明故事或寓言的含义，我们建议引入"应激的"与"超然的"两种行为模式之间的对立。

应激反应是最常见的自我调适方式。我们期望并想要获得世界上的某些东西，并且根据不同的情况、事件和环境，我们会做出某种反应：我们会采取行动——我们会攻击或保卫自己，我们会高兴或难过，等等。这可以被称为"他律"。他律与"自主"相反，因为我们的精神状态和行为主要取决于外部发生的事情，以及我们对外部刺激所做出的反应。如此看来，由于我们经历了外部的过程，我们就会变得被动：如果那些事件让我们感到痛苦或者彻底击垮我们，我们就宣称自己是受害者；如果那些事件使我们深感欣喜，我们就宣称自己是幸运儿，是幸福的。与通常的行为相反，我们可以依靠我们的内在自我，根据我们自己的意志和决定来定义我们的精神状态和行为，我们可以称之为超然的姿态。正如驯鸡者所描述的，这种态度是要花时间训练才能得到的：一个人必须建立和发展这种内在力量，因为这不是人的本性。生活中最常见和最本能的方式是应激反应机制。

一个孩子并不强大，他完全依赖于外界的力量和权威，但随着他的成长，他会学着增强自己的力量，从而变得更加自主。但是，在成年人身上，依然会存在这种无能为力、束手无策的状态，直到他学会了自主。在某种程度上，我们都拥有一定的自主能力，但往往还不够全面和完善，这恰恰是庄子这位严苛的老师希望人们所反思的。这意味着，我们要与外界和环境保持一定距离，以便对外界和环境有更客观的了解，更好地确定行动路线。我们不应该对日常事件立即做出反应，而应该保持以自我为核心。因此，我们应该以灵活的方式适应各类事件，并以此塑造我们的意志，清空我们的思想，为我们的自由、安宁和力量留下空间。

适应是一种自由行为，人们为自己保留了许多选择并且知道当事情发生时该如何表现。为了能自由地适应，我们就必须对外界和环境保持距离。当然，为了做到这一点，我们不应该过于敏感或反应过度，否则我们可能会在无意识的情况下一直被外部的诱惑触发。此时，我们不再以自我为核心，由于一直对浑沌事件的不断变化做出回应，我们变得四分五裂、注意力分散，并陷入疯狂之中。繁忙纷扰正是我们赖以生存的世界的本质特性。然后我们必然会遭受"心猿意马"病症的折磨，我们的大脑和我们的存在无法正常工作。这也是大多数人所遭受的痛苦和刺激。从某种程度上说，"高智商"的人常常看起来是相当无效的思考者。这些人往往擅长应激思考和解决问题，但却很少能够思考那些需要更广阔视野和保持距离的话题。一个原因是他们有竞争心理，他们总是必须接受挑战，不管挑战是什么。

　　人类的头脑永远处于混乱中，大部分时间是由应激反应的思想所激发的。它对外部现象进行反应，这种应激反应的"我"实际上是我们的"小我",我们的"平常的我",是依赖性的、无法满足的和焦虑的。清空那些充满思虑的大脑意味着距离和自由:我们不能再被"触发"。恰恰因为不受外界的制约,一个空的大脑才是具有创造性的大脑。它感知外界,但它又具有足够的距离以一种创造性和不可预测的方式流畅地运转。这种类型的思想能够探索、发明和改变范式。

事实上,大家可以认为这些特殊的想法很少见,但它们却值得我们关注。它们来自自我最崇高的部分,是苏格拉底唤起的神圣火花,是埃克哈特大师说的灵魂尖端,是人们称之为神圣的部分。创造性思维是无条件的,即使外部条件是不利的或者糟糕的,它也能带来自由和快乐。这种创新和随机应变的互动方式揭示了我们的内在本质、我们真正的才能和我们的根本目标。它让我们成为我们想要成为的人,并让我们最大程度地发挥自我。

相反，处于应激反应模式是以恐惧和忧虑为基础运转的。我们无法完成自己想做的事，而是服从于外界的命令或安排，为了不激怒他们而委曲求全，希望被接受、被认可。当然，这种焦虑干扰了创造性思维，它剥夺了我们的思维能力。应激的想法警告我们不要失败，它使我们对外部评判非常敏感，它使我们对自己的能力产生怀疑。通常，我们会选择生存模式：我们只做必要的事情——工作、社会责任、家庭义务等。我们生活在一种存在的极简主义中，缺少更好的东西，因为大环境如此，正如我们所宣称的那样。我们钦佩那些在日常竞争中看起来"优秀"的人。由于这种竞争是紧迫的，是无法回避的，是关乎生存的，所以没有给自我觉察留下任何空间。

/ 实践性和阐明性 /

与其他著作一样，这篇文章中庄子使用的"教学法"的难点在于，他没有解释故事中明确表达的这种

"自主性"原则。他只宣布公鸡为打斗"基本准备好了",因为"它不会有什么行动了"。他补充道:"它的素质现在已经完备。没有其他公鸡敢挑战它。"(原文:其德全矣,异鸡无敢应者)即使这在普通读者听来仍会觉得有悖直觉和怪诞,但他并没有解释这一变化产生的过程。

有些人可能会说,庄子这样做太不慷慨了。当然,对庄子教学法的解读有很多种,其中一些相当深奥。但是,有一种观点或解释是,庄子在使用"实践式"教学法,而不是"阐明式"教学法。例如,在这个故事中,他更想让人们实践公鸡学到的那种自主性,而不是让读者依赖于某个权威告诉他该如何看待这个故事——直接而明确地概括故事的寓意或含义。

驯鸡者为君主工作,而君主很显然是热衷于斗鸡的,他希望能从这次训练中得到一只斗鸡,一只为搏斗做好准备的斗鸡。君主似乎非常渴望得到结果,所以他每十天就向驯鸡者询问一次训练情况。庄子不信任这位当权者,因为他显然是很急躁的。他听起来相当不成熟,虽然故事并没有详细描述他的反应,但我们可以想象他对驯鸡者的定期汇报一定感到非常惊讶。

一只训练有素的公鸡不战而胜,君主对此倍感失望。从更深刻的意义上讲,学会战斗就意味着学会避免战斗,因为战争的真正之美在于它其实是和平的艺术。许多传统故事都给我们讲述了一位伟大战士的不战而胜,他通过展示自我修炼来克敌。

在叙述故事时不加解释,这当然与保持文章的简洁性有关,也与庄子的风格有关。读者应该基于自己对故事的理解来进行充分的猜测和补充。通常在使用"故事"进行教学的传统里,作者并不会向读者解释文中内容。这一传统在中国相当普遍,在许多其他传统文化或者精神传统中也是如此。

许多宗教也使用这个技巧,比如基督教中耶稣的寓言。但庄子最令人印象深刻的是他叙事的极简原则，这往往会让听众或读者感到无所适从，总想等待那些缺少的内容。这就是为什么这些文章显得如此晦涩，也是为什么在中国文化中，即便庄子的名字广为人知，但他的作品或思想却鲜有人问津。除了"庄周梦蝶"和其他几篇短文之外，《庄子》并未得到广泛流传，只获得少数专家的推崇。

那么，就像那只受驯的公鸡需要经历的历练一样，作者希望对读者产生什么样的影响？教学中要关注的一个方面就是我们是如何轻易丧失了思想的稳定性的。这个故事如此简单，但却使我们困扰。第一次听到它的时候，我们产生了一种迷失的感觉。希望一段时间之后，在经过一些反思或他人的解释之后，我们不会再被这个故事困扰，我们会发现它既迷人又有趣。通过这种转变，我们发现，客观来讲，其实故事本身并不令我们烦恼，真正困扰我们的是我们对故事的解读、对故事的想法，以及对故事的理解或者不理解。

困扰我们的已不再是故事本身,而是一种荒谬的感觉:我们内心有意识或无意识产生的言论,我们所经历的感觉,换句话说,是我们的判断。而这正是斗鸡必须学会的:不要对外界的诱惑做出反应,要通过统一自我来保持冷静和镇定。毕竟,无论一个故事是多么怪诞或深奥,它永远不应该困扰我们。

能够享受事物的陌生感,才是真正的挑战。这样,我们才能学着与自己保持一定的距离,对自己的想法和情绪保持怀疑的态度:避免过于相信自己的反应和思考过程,因为它们并没有客观地反映事实。读者发现,公鸡和君主必须学习的另一个原则是,学习不仅仅是正规地汲取信息的过程,也是对自我的挑战,对情绪和态度的控制,对自我主观性的质疑,对自我批判性的态度。我们最大的敌人是我们自己,因为我们被困在某些范式和存在方式中。如果我们相信庄子,就会觉得他的故事还是有一定道理的。但是如果我们怀疑他,就会很容易地排斥这个故事,认为它不合时宜或缺乏内容。无法理解为了成为一只斗鸡，这只公鸡必须变成一只"木鸡"。

为了理解这个故事，我们也必须跳出"自我"，因为在这个疯狂的故事中，我们会感到不知所措。我们必须在范式上发生转变，我们要意识到现实并非我们所感知的那样，也不是我们所认为的"是必要的或客观的"。问题在于，我们能否把自己从所接受和坚持的特定世界观中抽离出来。然而这种转变不能仅仅通过论证来实现，而必须产生强烈的震撼，而这恰恰是这个故事在其内容和形式上试图实现的。

/自我之战/

这个故事选择了智慧故事的经典主题之一：自我之战。在已有的任何一部戏剧或悲剧中，英雄都会面临两难的境地，为了解决这一困境，他必须经历自我挣扎的极度痛苦，直面自己的恐惧、欲望与习性。在这个过程中，他必须澄清自己的价值观，因为在困境中,一个人的不同行为偏好会自相矛盾。例如:安享宁静与承担责任、他人与自我、理性与激情等之间的冲突。

在智慧故事中,对立的价值观之间的内部冲突被更加直接地展示出来,因为这类故事就是要给读者一些道德启示,而在简单的文学叙事中,虽然可能也有"启示",但冲突更是为了创造一种审美效果,为了历经某种净化过程。在《庄子》的故事里,我们接触到了一种微妙的技巧,这样的技巧后来激发了佛教禅宗传统中的"公案":它是荒谬、神秘、充满矛盾的一句短语、一种交流或者叙述,有点违背直觉而且不符合逻辑,这种技巧的作用在于"启迪"。

本故事描述了一只注定要和其他公鸡战斗的公鸡,但它受到的训练反而明显是在鼓励它对任何公鸡都视而不见,这是相当令人震惊和不合逻辑的。因为驯鸡者反复强调公鸡正在接受训练,这时读者可能会问自己一个问题:"如果这只公鸡学会了无视其他公鸡，那么它在学着和谁打架呢？"为了回答这个问题，故事给出了一些暗示。

它"傲慢自负"的这一个事实说明了一个性格问题：它自视甚高，忽略其他公鸡，因此它必须改善自己的态度和行为。从某种程度上来说，以这种态度，它没有把别的公鸡放在眼里：它只是受到它们的影响，因为它们揭露了它的"扭曲"，而这正是它的本性。关于它的其他评论也是如此。它"恃气"暗示出它是一只自以为是的公鸡。它"听见响声就叫，看见影子就跳"这一事实表明它肤浅且容易轻信，由于它天真地相信幻觉，把它的努力和精力都浪费在了回应幻觉上，却始终心不在焉，与现实脱节。它"犹疾视"，展示出一种不成熟的行为。而且如果居然把"盛气"理解为一种批评，这再次意味着它把精力浪费在毫无意义的努力上。因此，它必须改变这些行为，才能"已无变矣"，然后它才会被认为已经做好了履行职责的准备。

当我们关注整个过程时,问题的答案便显而易见:它正在学习与自己搏斗,如果用拳击来比喻,它是自己的"陪练",我们或者可以说它必须与自己的影子战斗,这是一个经典的拳击训练方法。这一观点会引发读者联想起著名的穆斯林精神原则:伟大的吉哈德——圣战经常被用来为恐怖行为辩护,但这一概念并不是指与外部敌人、外人、异教徒的斗争或战争,它更多的是指自己内心的精神搏斗,对内在敌人的抗争,对我们自己不端行为的斗争,对我们缺乏自控的斗争,以及对我们罪恶态度的斗争。"外部圣战"与"内部圣战"的一个重要区别在于后者之"伟大"。我们在许多文化中,包括道家哲学中,都遇到了同样的原则,而在道家哲学中,庄子是伟大的启发者之一。

具体而言,我们的公鸡,必须与自己消极的、原始的、野蛮的或粗鲁的倾向作斗争,才能变得适合战斗。它必须学会把自己的注意力集中在它自己的意识中心上，集中在它自己的意志上，而不是集中在由周围的刺激所引起的思想波动上。为此，它必须放弃贪婪和野心，以实现谦卑和宁静，这与人们心中一贯认为的一名斗士所应具有的素质正好相反。在庄子的思想体系中，它必须以天道为中心，而不是像那些想要变得更聪明的人一样，以他们自己的个人意图和主观性为中心。剩下的问题是关于这项战略的有效性。当公鸡变成一只"木鸡"时，它便会不战而胜，因为其他公鸡都会因为惧怕而选择逃跑。有人可能会怀疑这样一个"训练计划"是否合理。

当然，从文字和形式上来看，人们可能会断言这是一种幻觉，因为它过于理想化了。这种批判适用于大多数哲学、智慧和宗教体制，那些"务实的""现实主义的"和充满"良好常识的"人们会以不切实际为由加以反对。但是，让我们提出一些支持这种方案的论据吧。当我们观察一些动物，比如狗之间的对抗时，我们可以注意到，很多时候，打斗实际上并没有发生：它们只是互相审视、互相感受、互相确认，很快，一只狗会通过一些谦卑的姿态或者逃跑，来承认对方的"胜利"。如同它们本能地比较了彼此的"内在品质"，并且共同决定了谁是强者。庄子非常认同生命中本能或直觉的一面，这是他的作品中反复出现的一个主题，而这也与道家的观点相当契合，因为它意味着让自然也就是道在我们内心运作。

还有一个我们都曾经历过的例子。当我们在做一种尝试时，从某种程度上来说，我们预先判定了能否克服这个挑战，我们"预先知道"我们是否会成功。我们对失败或成功都能产生预感，尽管我们似乎更容易接受失败的预感，而不是胜利的预感。我们通常知道自己是否已经"准备好了"。禅宗中所说的自信的一面与疑虑的一面之间的对立是问题的关键所在。就像在许多活动中一样，在思考时，对失败的恐惧、对错误的恐惧、对自我的不信任，往往会成为行动的障碍之一，也是我们失败的一个原因。

当焦躁和疑虑迫使我们设想可能发生的最坏情况时，就会引发我们对周围环境的一些恐惧，使我们对任何外部冲突、事件或迹象感到紧张。然后我们会犹豫，会花费大量的时间和精力担心某个特定的行动是否正确，问问自己这个时机是否合适，这个决定是否恰当，焦虑不安地想要知道我们可能采取的每一个行动的后果是什么。正确的行动首先是要沉着冷静，此时我们的姿态是稳定而自信的。当然，这样的姿态只能通过锻炼自己来实现。因此，锻炼一个人的态度，发展一个人的内在力量是训练的一个至关重要的方面，当我们一旦达到了恰当的心理状态时，外人是很容易觉察到这一点的。这也是运动员或士兵需要训练他们精神状态的原因之一。"重复，重复，重复"是关键的咒语。不应该有思考的空间，应该立即行动，这已成为一种习惯。身体知道该做什么，头脑的介入会减慢我们的速度。空无所求，因为有诉求就意味着没有放空。

/武术/

习武是中国文化的重要组成部分。它蕴含了不同的范畴和意义:心理学方面的、智力方面的、身体方面的和社会方面的。武术起源于中国,发展成数百种不同的打斗形式,并被统称为功夫或武术。武术最初是农民自卫的一种手段,随着时间的推移,武术的作用变得越来越广泛。它可以改善健康、增强体力、锻炼心智和意识,甚至成为一种精神活动,一种通往超然境界的途径。在现代社会,武术被广泛地用于各种不同的目的,它们的理论基础和哲学意蕴甚至在商业领域也得到了应用,管理者们把武术对抗中的法则应用到日常工作中。

武术有不同的派别,但主要有两种派别:北派和南派,外功和内功。北派更注重腿部和技巧,动作敏捷而流畅。南派则认为手臂的使用和身体整体的动作更为重要。外功主要强调身体力量和打斗艺术,其中重要的是主导战斗的能力。内功则专注于思想、意识、呼吸和能量或力量（也就是"气"）上。虽然后一种类型的武术依然注重身体的发展，例如加强肌肉，但它格外强调这些训练在心灵或精神层面上产生的效果。它追求的目标是：与大自然的节奏产生共鸣，并以此方式来超越自己以及自己的极限，超越当下。在这种类型的打斗中，动作非常缓慢，目的是调整自己的生命能量以及周围的能量，而不是主要靠肌肉的张力来打击对手。真正的对抗仍有可能发生，但在这种战斗中，虽然习武者会快速有效地移动，但是他完成所有动作时的肌肉都是放松的，并时刻与对手的位置和姿态保持和谐。

在这里，"无为"（"不行动"或"什么都不做"）的概念恰好适用。道家经常用它形容这种"内功"类型的打斗：你通过不作为达到行动目的，这意味着一个行动一旦准备好就表明已经完成，无需任何特别的努力，自然而然的，仅仅是因为这个人处于全神贯注的状态。一个动作会像树上成熟的果子一样"落下",或者像一堆雪从树叶上落下,因为"它"知道自己什么时候准备好了,它不用计算。这样,通过练习无为,你就可以利用对手的攻击,然后借力还击对手,几乎什么也不用做。就像故事里讲的一样,公鸡变成"木鸡"后,没人敢挑战它,大家都逃跑了。只有当一个人不受外部或内部刺激的影响时,他才能以一种有效的方式影响他人,因为他是全神贯注的,这意味着此人处于一种空的状态中。然后折射对手的能力将达到登峰造极的水平。

这样的练习形式特别强调"气",要求对这种内在能量进行练习。"气"被认为是万物众生共有的生命力,但庄子对"气"进行了拓展,认为"气"是推动一切的力量。例如,他认为风是地球的"气"。事实上,"气"这个字本身的词源里就包括"风"这个字。在中国文化中,风代表着精神,是宇宙的生命气息,是维系生命并使之凝聚在一起的精神力量。我们在这里发现了一个与古希腊文"灵魂"（psyche）一词之间的关联，它是呼吸着的生命，是让所有生命体都充满生机的法则。因此，一旦"气"消散，它就是结束的开始。但"气"并不是绝对的好：它有可能过度，所以必须加以控制，以处于合适的状态。例如，宇宙中的阴阳，都被认为是最大的"气"，彼此互相调和。因此，对个人而言，要想更健康，"气"的生命能量必须均衡。"气"这个概念有多重含义，有趣的是，它既可以表示力量、能量或活力，也可以表示愤怒。作为表意文字的一部分，它甚至出现在词语"仇恨"中。这是故事中用来表示公鸡状态的概念。"它恃气"，也就是说过于依赖自己的"气"。

有人会认为这对它来说是一个巨大的优势，因为它有能力依靠自己的生命力。但准确地说，这里存在着一个有意思的信息，那就是这种生命能量应该被调节，它必须凝聚成形，能够被管理和引导，它必须留在"原位"。否则,它只会变成愤怒、仇恨,或一股混乱的情绪流向四面八方。一个人的能量需要被训练和驯服。这就是为什么"不由自主"的公鸡必须变成"木鸡"的原因。自由流畅的力量必须经过约束才能成为真正的力量。就像风一样,风力的大小如果适度,就会令人愉快而且有益,但变成狂风暴雨的时候,它就具有破坏性了。

一种专门练"气"的方式被称为"气功":它通过锻炼身体、训练呼吸和意念来平衡和培养"气"。这种练习的另一个著名例子是太极拳:它把注意力集中在形体的运动上,专注于缓慢的身体运动,据说这样能带来一种精神上的平静和明晰。气功的目标之一是在尽可能放松的状态下达到沉着、冷静和静止的状态,并且练习放空和尽可能小的动作。高水平的"气功"是在完全静止或几乎没有运动的状态下练习的,就像人们有时提到的"站桩"。

主要的训练是在"内部"完成的:在高级阶段,

当没有压力或郁结阻止"气"的时候,"气"可以在身体内部自行流动。一些作者描述了道教气功的六个阶段,最后一步终将达成真正的无为。

此时我们开启了进入超现实境界的大门:它是一种不干涉的状态。就像故事中的公鸡不再与其他公鸡纠缠:它通过不战的方式与它们战斗。它不再"气势汹汹",它不再与众不同,它的"气"变成了木头。所以它现在可以纹丝不动或者毫无反应地进行一场打斗。外界不再判定公鸡的"气",公鸡做了一个动作,产生了某种影响,但它并非有意而为之。此刻,行动是完全自由的。内在自我中找到的平衡成为力量的源泉。

读者可能会对这样一只斗鸡感到困惑并嘲笑它,因为它变得如此木讷,甚至无法再战斗了。但这种木讷只是体现了以自我为核心的状态:木鸡是独立自主的,它现在可以在没有任何意图的情况下,只靠单纯地站在那里就赢得战斗。

阅读理解

1. 为什么其他公鸡看到那只"木公鸡"就跑掉了?
2. 公鸡接受的训练是为了战斗吗?
3. 纪渻子是个好教练吗?
4. 为什么纪渻子在故事的结尾说公鸡已经"差不多"准备好了?
5. 为什么一只斗鸡看起来不应该生气呢?
6. 如果所有的公鸡都变成"木鸡",鸡之间还会打斗吗?
7. 公鸡在训练中学到了什么?
8. 为什么君主屡次询问公鸡是否已经准备好了?
9. 我们知道训练是怎么进行的吗?
10. 这个故事想教给我们什么?

延伸思考

1. 一个优秀的战士应该是超然的吗?
2. 为什么冷漠令人烦恼?
3. 对一个人来说,超脱是可能的吗?

4. 我们应该训练我们的情绪吗？

5. 为什么我们容易对挑衅过度反应？

6. 耐心是解决我们问题的关键吗？

7. 我们应该与自己战斗，还是接受自己？

8. 学习是永无止境的吗？

9. 我们是自己最大的敌人吗？

10. 一个人能通过与自己的斗争获得内心的平静与安宁？

第七章

轮扁

桓公读书于堂上。

轮扁斲轮于堂下,释椎凿而上,问桓公曰:"敢问,公之所读者何言邪?"

公曰:"圣人之言也。"

曰:"圣人在乎?"

公曰:"已死矣。"

曰:"然则君之所读者,古人之糟魄已夫!"

桓公曰:"寡人读书,轮人安得议乎!有说则可,无说则死。"

轮扁曰:"臣也以臣之事观之。斲轮,徐则甘而不固,疾则苦而不入。不徐不疾,得之于手而应于心,口不能言,有数存焉于其间。臣不能以喻臣之子,臣之子亦不能受之于臣,是以行年七十而老斲轮。古之人与其不可传也死矣,然则君之所读者,古人之糟魄已夫!"

——《庄子·外篇·天道》

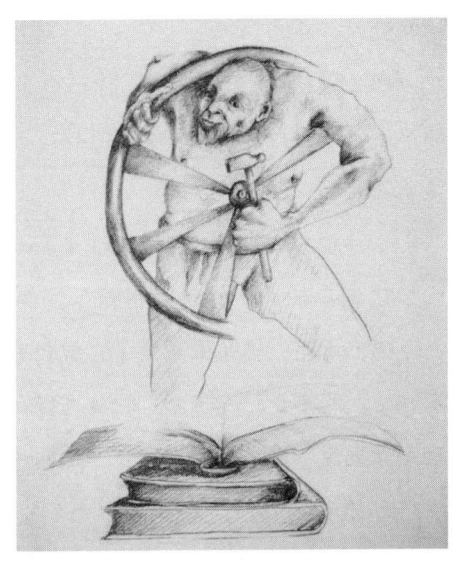

【译文】

齐桓公坐在堂上读书。

轮扁在厅堂外砍造车轮,他放下手中的锤子和凿子走到堂上,问恒公说:"请问,您读的是什么书呢?"

桓公说:"是圣人的言论。"

轮扁又问:"那圣人还活着吗?"

桓公说:"已经死去了。"

轮扁说:"这么说来,您所读的书,全是古人的糟粕呀！"

桓公说："我正在读书，你一个车轮工人怎么能够议论这个呢！说得出理由还可以，说不出理由就要处死你。"

轮扁说："我是从我的工作中得出这个结论的。比如砍造车轮时，榫子做得松了，就会滑利地打进去，但不牢固；榫子做得紧了，就会感到滞涩，而打不进去。既不松，又不紧，把技巧得在手里，应在心里，嘴里说不出来，心中却有一定的分寸。我无法把它传承给我的儿子，我的儿子也不能从我这儿学到它。所以我现在已经年过七十还得自己动手砍造车轮。所以说，古人和他们不能传授的东西，都已经消失了。如此说来，您所读的书难道不是古人留下的糟粕吗？"

/权威/

这个故事主要讲述关于权威的概念。讲述的方法非同寻常,发人深思。这种对权威的批判其实是庄子的特点之一,他思想中的这一层面明确地将其与儒家思想对立开来。

在叙述的一开始,轮扁就表现出他对权威不是一味地遵从,他的行为从一般的角度来看甚至是可耻的。他在没有被召唤的情况下,放下手中的工具,兀自走入厅堂,仿佛他是主人,这一行为本身是非常大胆的。他仅是一名匠人,一名劳动者,除非被传唤,否则他没有权利进入贵族的宅邸,而且被传唤的可能性也很低。然而他不请自来并向齐桓公发问,这一行为是极为失礼甚至恶劣的。而且我们注意到齐桓公对其所言并不好奇,而是威胁说假如他不能阐明自己的观点就要处死他:"假如你能说出所以然,那么就放过你,否则就要处死你!"因此他对权威进行层层挑战是存在危险的。

一名匠人所从事的是体力而非脑力劳动，而他的问题却是关于一本书的，这本身也很令人惊讶。这再一次打破了界限。轮扁进而询问书的作者。就像在很多语言中一样，英文的作者一词"author"和权威一词"authority"都来自拉丁语的"auctor"，是从动词"augere"演变而来：增加、产生、促进。虽然在中文中这两个词不存在这种关联，但有一个原则是清晰的，那就是写书的人从道德和才智上来说更具权威性。因此当轮扁询问书的"作者"时，其实就是在询问这些权威者是谁。这一社会规则也通过齐桓公得到了印证，因为他称呼这些人为"圣人"。圣人们很可能和"经典著作"相关联，这些经典著作是每一位受过良好教育的人的必读之物。我们会在后面进行论述。

现在对话中出现了一个有些滑稽的场景。当轮扁问"圣人们还在世吗"时，这个问题可以被理解为一个极为天真甚至无知的表达，因为几乎从字义上就可以判断，圣人们已经死去，而且去世已久。在中国或其他国家，当人们细数伟大的哲学家时就是这种情况。正如"年代是否久远"成了评判学术价值的必要条件。从某种角度来说，这种判断是有道理的。因为一件作品的长久性——它能经过时间的洗礼，让我们不会因为作品一时的成功而对其形成肤浅而短暂的迷恋。但如果我们假设轮扁非常清楚这些圣人们早已死去，那么他的态度就可以被认为是不敬了。我们将会进一步看到，这个问题其实是以反问的方式来削弱这些作者的价值的，因为他们是"古老""成为过去"或者"死去"的人。另外，从这个问题中我们可以发觉庄子哲学的一个关键点。生活是现实的一个重要特性，生活是真理的一种形式。生活就像道，是道的形象，是流动的，是一成不变的事物的对立面。一成不变的事物是死的，是不真实的，是不值一提的。因此，如同在柏拉图和苏格拉底的眼中，对话是重要的，而写下的文字只是存在的事物，是"固定的"想法。我们在尼古拉斯-库萨的著作中遇到同样的观点，即"关于头脑的笨蛋"，或者"关于智慧的笨蛋"，真实的哲学家是"笨蛋"。他提出了真实的问题，而"正牌的哲学家"亚里士多德，是庄重而自负的。这种范例既不尊重公认的"权威"，也不颂扬作者。

当然，齐桓公的回答在意料之中，也符合我们刚才进行的分析。"去世已久。"齐桓公对轮扁说。假如我们想接受这位匠人的逻辑，那么这个回答可能是具有讽刺意味的。因为在轮扁看来，死去的事情失去了意义，没有任何价值。这个人把圣人们伟大的、令人崇敬的智慧唤作"糟粕"，这种做法是残忍而且粗鲁的。糟粕可以理解为制酒过程中剩下的残渣。没有人需要残渣，因为它是无用的副产品。换言之，活着的人是有趣的，但他们死后留下的东西却没有意思。我们应该意识到，中国传统文化非常尊重祖先，因此这一观点在传统的中国文化中是相当出格的。同样，该观点的一个特性是关于"黄金时代"——一种对完美年代的怀旧情怀。最后，这一观点鞭挞了那些认为人们必须学习和吸收古人经典之作的传统思想。

总而言之，这个故事代表了对已有权威的强烈挑战——对贵族的权利、社会规则、对祖先的尊敬、文字和教义的价值的挑战。所有代表权威、神圣和受尊敬的东西都被残忍且粗鲁地抛到一边。

/教学方法/

庄子严厉批判传统的教学方法。在传统教学中，作者写下一段文字，学生朗读并学习。这种被称作"灌输概念"的教育，主要是对内容的重复，是大多数文化中最常见、最传统的形式。

老师是权威人物，掌握着知识，而学生仅仅是接受者，是空的容器，等待被注入而无法自己注入。亚里士多德用"一张白板"描述这种情形。在中国，这种教育方式仍为主流：教室中坐满了学生，安静地记着笔记，然后记住这些内容并在考试中背诵出来。学生不应该打断老师或者质疑老师，因为学生没有可以传授给老师的知识，而且他也不被准许，或远远没有能力质疑老师传授给他的知识。

在学校学习期间，学生们要通过很多考试，每项考试都标志着从一个阶段向下一个阶段的过渡。例如，从幼儿园到小学，从小学到初中，等等。高考是其中最艰辛也是最著名的，这个最终测试将决定一名学生是否能进入大学。有时这项考试被称为"独木桥"，因为它极具挑战且很多人注定会失败。这项考试作为世界上最艰难的考试之一而举世闻名。有人将高考与科举制度进行对比。科举考试是选拔政府官员的传统考试，直到 1905 年才被废除，通过率仅为 1%。

对中国保留的这类死记硬背的教育理念，欧美教育系统持批评态度，他们认为学生因此丧失了批判性思考的能力。中国的教育者们反过来却认为西方的教育"太过自由且缺乏体系"。

如果想知道东西方教育方式究竟有多大差别，大家可以了解一下芬兰的学校体系。孩子们在学校的前六年没有成绩，课堂上只有实验和活动。孩子们分成小组，学习设立项目并且展示各自的项目。为了躲避紧张和压力，越来越多的中国学生选择在西方接受教育。在中国，教育与知识的关系也在逐步改变，有些学校从灌输型教育转向实验性教学。

在这个故事中，庄子提出的教学就是实验性教学：轮扁希望齐桓公摒弃理论并意识到通过体验获得的知识是无法描述和背诵的。从经验中人们可以学到软性技巧，而从阅读中却无法学会如何交流、关心，如何与他人相处，如何解决问题或进行思考。

亚里士多德谈到从行动中学习的重要性：如果不进行修炼，人无法变成品格高尚的人；一个邪恶的人，无法通过阅读一本书就成为道德的典范。他甚至提出，我们的行动决定了我们的性格，而不是性格决定行动。因此，有教养的品格产生出令人敬佩的行为。一旦人们的行为变得合乎道德规范,每一个后续的高尚行为都会变得越来越简单。

实用主义者常采用这种方法。比如杜威就主张通过到环境中体验来获取经验。这种方法产生了"问题导向教学",即向学生提出他们需要解决的问题和障碍,以此来激励学生们寻求解决方案并且通过实践把死的知识"复活"。依照周遭环境来采取行动并不断进行调整。将信息与生活关联起来,让信息从生活中来,又回到生活中去。可以说这是一种更为有效的学习方法:因为它与被动地吸收"至理名言"正好相反,是一种主动的学习方式。这种主动的教学法经常被称作"翻转课堂":学生们在家准备好全部理论资料,然后回到课堂与老师一起通过做实验或者用小组讨论的方式来实践这些理论。

人们或许会想,既然大部分在学校获得的知识都没有应用到生活中,那么社交能力和思考能力是否就比理论更重要?这其实就是举世闻名的华德福学校创始人奥地利哲学家史代纳所隐含的原则。

在华德福学校，教育的核心目标是培养自由和负有社会责任感的个人。它向孩子们传递一个信息，那就是他周围的世界究其根本是善意的。这样的学校体系既不提倡评分，也不鼓励某一明确的科目，其主要目的是通过与大自然和同伴的交流来"展露出一个人的灵性身份"。尽管人们可能会因为浓厚的意识形态或教条主义而批评这种学校体系，但这一体系其实是与法国哲学家卢梭（18世纪）和瑞士教育学家裴斯泰洛齐（19世纪）的理论有关。

卢梭主张自然主义教育观，他认为孩子在十二岁前不应该开始正规的课程。与孔子以及柏拉图和康德的主张相反，他认为道德是无法被传授的。道德只是一种观点，而不是理性的过程。他认为书籍主要是让人们讨论和背诵，而不是学习。学习来自一手的观察和体验。孩子会通过观察行为产生的后果来学习基本的道德规范并约束自己的行为。对于一名孩子的发展,自然主义者更关心孩子此刻的状态而不是沉迷于孩子将来会变成什么样子。

裴斯泰洛齐有着非常相似的主张。他认为,任何教育都应当以孩子为中心,而不是以教师为中心。他的一个著名理论就是,学习要经过"大脑、内心和手",换言之,经验越多越好。

学习的另一个重要方法是讨论:要么学生们就某一个话题共同进行反思,要么由教师们通过提问来激发孩子们的思考,这就是建构主义的学习观,即学习不是由教师把知识简单地传递给学生,而是由学生自己建构知识的过程。此类教学并不认为现有的知识就是正确的,而认为应该存在各种不同的观点,而每个观点都有其存在的理由。

这一方式起源于古希腊,由苏格拉底创立。他不停地追问他的市民,因为他坚信,只有通过对话才能发现真理。辩证逻辑是一项检验不同观点甚至相反观点的工具。知识因而被认为是充满活力的事物,它变化，它永远存在于过程之中。提问的人很可能对对话产生的结果感到惊讶，并发现一些未知的事。因此真理永远存在于"别处"，即变化和对抗之中。苏格拉底的学生柏拉图后来说，任何学习都是一种记忆。一个人的灵魂通过一种潜在的方式早已获取了它可以被给予的所有知识，创造性的理性思考会激活这些知识。因此人们可以通过被提问来学习，一个问题可以引出他"早已知道"的答案。当然这种方式远比简单的思想传输要危险：因为它更具不确定性，效率也更低。这是一个缓慢的过程，提问也可能导致荒谬的言论和胡言乱语。但教师要学会接受，正确答案不是唯一的，而这些答案早已在学生的头脑中。所有这些因素都削弱了教师这个角色的权威性。

尽管作为教育工具并不常见，但讨论法被后来的一些教育学家发展出来，比如社交发展理论的创始人维果斯基（20世纪初）。与让·皮亚杰的理论相反，他认为社交学习先于个人发展。为了在学习的过程中不断精进，一个人需要被他人挑战，否则他的学习就是缓慢而收效甚微的。所以讨论在人们的学习过程中是非常关键的，真理来自他人。

提问有时类似于所谓的"非教学"或"消极教学"，会通过挑衅、反诘、讲笑话或故事的方法来教学。这一更为激烈的形式在佛教的禅宗中较为常见。做冥想的时候学生如果姿势不正确，师父就会不由分说地"击打"弟子，无论是在心理上，还是在身体上。

相比较而言，尖锐的问题也可以是充满关怀和平易近人的。中国和日本的禅宗经常用公案也就是充满矛盾的小故事给弟子带来思维上的困扰，然后让他们自己找到内在含义并在质疑和矛盾中重新找到"内心"。公案可以产生不拘于理性思考和自身经历的洞见，它是直觉性的认知或启发。人们独处，自我怀疑，没有正确的答案或解答。

在一个故事中，师父进到一个房间，房间里坐满了弟子，都在期待师父的开示。而师父什么都没说，只是手上拿了一朵花。只有一名弟子明白了师父的意图。

通过讲述一些不直言该如何做或如何想的故事让听者自己解惑，也可以获得相同的效果。比如在穆斯林苏菲派和佛教的一些口头流传或书面记载的故事中可以碰到这种例子。著名的土耳其人纳斯鲁丁就使用这种教学法。他言论异乎寻常，举止怪异，这些荒谬之举让人们体会到关于人性的一些重要方面。

庄子的故事也达到了同样的效果：他制造出认知上的不和谐，他的故事通常具备讽刺和挑衅的元素，把事件中的问题如实地展示出来。没有直白的表达，也没有显而易见的原则可遵循，读者只有通过独立而深刻的思考才能触及故事的本质。这种教育方法往往让人感到困惑甚至沮丧，大家抱怨说他们不知该期待什么，也无法理解这一切都意味着什么。但这种教学方式更为真实：老师只需讲述一个故事，通过行动传达他的暗示，给出一个夸张的解读，然后学生会通过观察自然而然地得出结论。每个人都根据自己的程度来理解。其实从某种程度上说，人们只接受那些他们已经准备好去接受的内容，没有任何说教可以让人们去接纳那些他们还没有准备好去接纳的事物。

这种方式也是密宗典型的修行方式。信徒们从不被灌输他们尚无法掌握的内容，因为那样他会在不知不觉中亵渎神灵。所以师父会根据每个人不同的进度给予少量暗示，无需过多解释。

这种不言传的方法和古希腊的犬儒主义的做法类似：哲学家第欧根尼会住在桶里，裸身行走，在大街上排泄。禁欲主义的生活比起那些在形式和本质上追求舒适的生活更加真实，更加具有哲学性。假如他对犬儒主义的生活进行宣讲，并且计算出这种状态可以获得的成就，那么他会不会取得更伟大的成果呢？假如苏格拉底除了提问还写了一本关于如何提问的书，那么会不会有更多的人追随他呢？假如庄子和孔子一样写下类似的规则和指令，那么会不会更为社会接纳呢？学生们在课堂中假如不仅仅是记笔记，而是获取真实的生活经验，他们会不会学到更多呢？维果斯基认为，对行为的指令越模糊，我们就越偏离"最近发展区"，即儿童潜能区。所以有人说，当一位智者向他的学生传达一条神秘的信息，而不是清晰地为其指明真实方向，那么他只是在自娱自乐，他的所作所为并不是为了教育。这种态度很容易被批判为非教学的，甚至是事与愿违的。这正是齐桓公与轮扁之间存在的两难状况：这位匠人的话语本身是否充分并且有效？一个人真的需要"凿子"才能学吗？话语是否只是幻觉？

最后我们要提到中国教育理念中一个有趣的事情：风教。风教源于古代"诗大序"。《诗经》中的诗歌往往通过简单而质朴的主题，传达大量内涵丰富的寓意，赋予诗歌中每一个细节以道德和政治上的重要意义。尽管千百年来人们对如何解读这些诗歌不停争论，但它们被看作是理解当时普通民众的困苦生活的钥匙，而且往往被赋予寓意：例如对恋人的抱怨被理解为对不讲信义的君主的抱怨。另一些诗歌，可能不具备很强的寓言性，仅仅通过表达乡村生活的宁静平和与清新的乡土气息来安抚人们的心灵。

风教意味着用一种非常模糊且间接的方式来影响民众，特别是通过诗歌这种充满暗示的、含蓄的表达方式来传递思想并教育人们。这一原则反映了封建社会的统治阶层非常重视文学和艺术的发展和使用。《论语》中有一句话可以证明这一点：不学诗，无以言。因为《诗经》教授的既有形式又有内容。形式即语言本身，内容则以伦理道德为主。人们通过唱诵这些诗歌让道德被教化，提升审美，并且形成良好的行为举止。当然这是一种非常特殊的教育方式，因为在诗歌中，所有表达都是含蓄的，必须对其进行解读。在"风"这个概念的基础上发展出的其他形式都是非常迂回和间接的，因为"用风"就意味着从远处来教育或通过说服来改造一个误入迷途的人。

比如"风民":用诗歌教化民众,即那些将会被统治者教育的人们。"风劝":用含蓄委婉的方法进行劝导。"风谏":用委婉曲折的语言规劝君主、长辈或上司。由此可见,"风语"也就是反讽,是另一种教育和交流的方式。

/教学,还是学习/

和轮扁的故事相同,柏拉图也提出了一个关于施教的有趣问题以及施教的不可能性。柏拉图的老师苏格拉底作为《柏拉图对话集》(*Plantonic Dialogues*)中的核心人物,以奉无知为美德而闻名。对他而言,无知是使思考发生的必要条件。例如苏格拉底曾声称:我无法带给人们知识,但我可以让他们思考。因此提出问题,引其反思,助其产生自己的想法,在苏格拉底体系中是主要的,也是唯一的、真正的施教方法。这个原则同样也适用于美德和品行的教育。但苏格拉底观察到美德教育的不可为性。因为"具备美德的人无法将美德传授给他们的孩子",这一观点在很多不同的对话集中出现过,比如《美诺篇》(*Meno*)和《普罗泰戈拉篇》(*Protagoras*)。在苏格拉底看来,美德教育不是一个小问题,不仅仅是教授"良好的举止"那么简单,其性质无异于教授哲学本身。因为从某种程度上来说,他认为哲学的整体性就包含在美德教育之中。原因很简单,他认为"善"是最卓越的概念,是重要的"元概念",就像他在《斐利布斯篇》(*Philebus*)中陈述的一样,从本体论和认识论角度来说,是构成其他概念的基石。"善",甚至高于理性和享乐,是所有其他概念存在的必要条件——它们都源于"善"。这个概念并不容易理解。"善"这一绝对而不合逻辑的概念很难被界定。对"善"的理解和思考产生了理论意义上的"正确实践",或实践意义上的"恰当行为"。就像科学事实一样,我们在《思想的世界》(*world of ideas*)一书里也发现了美德的价值。

道德价值是完美的精华，人们会在一个辩证过程的最后通过直觉来理解这些价值。它们建立在纯粹的完美之上，建立在"善"这个概念上。"善"是思想体系中的太阳，人们必须对其进行思索。"善"实际上也体现在行动中，但在精神层面上还应保留其客观无私的本质。柏拉图认为，错误的思想导致"错误的行为"，人们因无知而做错事。意志从智慧中产生，知识先于行动。

因此，柏拉图把道德归于科学知识：为了更好地生活，人们必须思索完美的世界。这就意味着，为了更好地生活，人们必须实践彻底的辩证法。但后来柏拉图担心这种实践难度过高，普通人会因无法胜任而放弃，转而投向智者学派的反道德论和相对主义。因此，他退而求其次，提出了"真实意见"或"正确意见"的观点，主张也要建立从形式上适用于所有人的规则、目标和原则，即便他们不具备通达这些价值的认识论基础。这对于自认为"监护人"的中产阶级尤为重要。这些人尽管缺乏智慧，但必须表现出比低社会阶层的人民更为尊贵的举止以便引领他们。

但他主张如果美德是"知识"，它就可以被教授，如果它只是"真实意见"，那就不能在任何真实的情况下被真正地教授：人们只能偶然地，或在形式上或在表面上，具有高尚的品德。总而言之，从严格意义上来讲，不完整的秩序无法被教授。这更像是训练动物时纠正它们行为的过程。对他来说，对辩证法的深刻理解和使用是开展教学活动的一个前提。

因此，柏拉图的美德分为两方面。一方面，美德是绝对的，是一种知识，只面向那些有能力学习的精英们。另一方面，美德是经验主义的训练，面向那些永远无法离开洞穴的凡俗之人。然后他总结道，"正确意见"和"知识"都足以准确地引导我们。前者在指导恰当行为上并不逊色于后者。换言之，两者从实践目的上来说是同样有效的。这一理论呼应了古希腊语中"episteme"和"techne"的区别。前者通常被翻译成知识，而后者被翻译成技术或工艺。前者更为理论化，后者更偏重应用和实践。

从某种角度来看，人们可以说"美德"这个概念被削弱了。尽管柏拉图辩解说，从实际角度看，"正确意见"和"知识"相比并不缺少什么。但他也承认"正确意见"不具备"知识"的稳定性，主要原因是这种由"责任"产生的美德更容易被欲望左右，与此相反，建立在思考基础之上的美德则根植于个体的存在和人格之中。"正确意见指导行动并不亚于知识，它的有益性并不比知识差哪儿，拥有正确意见的人也并不比拥有知识的人不行……真实意见也是这样：真实意见是美好的，当它和我们在一起时它会做各种好事，但是它不会长期停在那里，它会从人心上跑掉。"（取自《美诺篇》）

柏拉图将有些人称为"金子般的灵魂"，而将另外的人称作"银质灵魂"或"铜质灵魂"。我们不知为何他认为真实意见是无法学习到的。但我们可以理解的是，假如学习具备任何实用性，那么它作为纯粹对原则的重复，是无法被教授的。学习的过程也是个谜。轮扁说："我没法教我的儿子，他也不能从我这里学习。"这不同凡响的说法不禁让我们陷入沉思：到底是什么让教学成为可能，而假如教学果真可行，那么它是否只存在于那些"自诩为老师"的人的美好意愿中呢？

"谜"这个字在我们看来只是在批判形式教育的理念，即老师只需要通过宣讲就可以教育学生。但故事并没有做任何解释。为什么庄子不解释？是为了让教学过程永远是个谜，还是说他想借此来应用他的理念？但如果他对教学过程做出解答，他恰恰就落入他所批判的圈套当中：告诉学生们，让他们听并记住，然后就了解了。好为人师的人经常做出这种自相矛盾的举动，无论是家长还是教师，都可能会要求学生"按我说的做吧，别做我做的！"比如，有人会长篇大论地解释为什么教师不应该说太多话而只需要提问。事实上我们现在写下这些文字的做法也有些……在这个故事中，庄子主张书本无法被教授，语言也无法被教授，因此他不会用语言描述出轮扁的"秘密"。既然我们已经背叛了大师，那就让我们背叛得再彻底些。让我们来说说我们理解的秘密到底是什么吧。

唯一可以传授如何砍制轮子的方法就是给他一块木头，一个凿子，然后告诉学徒"去做吧"。当然他会犯很多错，甚至会浪费一块木头，在砍制过程中他可能会受伤，可能做出一个奇形怪状的轮子，而且最后一事无成。他很可能因为工作太难而感到沮丧或者恼怒。他抱怨，他想放弃，或者在煎熬中发现一些小窍门而因此备受鼓舞。在努力过程中，他也许会向老师表达他的感受，也许会问一些问题。我们不知道庄子会如何应对，但我们知道苏格拉底会不停地向对方提问，并不是为了教学，而是他对人类的思维模式感兴趣。庄子更难以预料。他也许会以沉默作为回答，或者讲一个看似与当前情形没有明显或直接关系的故事或笑话，给出一些荒谬的暗示，又或许真的会给出一些建议，就像匠人在描述造车轮时的两个问题：榫眼过紧或榫眼太宽。尽管他清楚地知道那些"技术性"的建议不能以任何方式解决学生的问题。就像一名美术老师不可能指望他的学生在获得了他的技术指导后就能画出世界名画。

那么学习一门艺术或者掌握一项技能到底有什么诀窍呢？我们认为，决定学习过程的主要是两方面。

首先是与学习目标的关系：他的理解力、主动性、尝试的意愿、意志力、耐心、静心程度。其次是与相关产品和工作对象的关系，不管是木头，还是其他的坚硬物体，又或是语言、对话、声音等。这里会考验他的敏锐度、他的洞察力、他和该工作对象的关联度，等等。人们无法预知他的天赋或能力在这个过程中将会怎样呈现和演变。但我们知道唯一能让人发展的方式就是请他们动手工作，测试他们的能力，培育他们的天赋，否则天赋永远无法得以展现。因此只给对方最少的工具去展开工作，只布置一个任务，或者干脆不设定任务而只是观察他做什么，这是让对方成长和学习这项技能的最佳途径。

随后的情况顺其自然：他可能成功了，可能没有成功，过程也许轻而易举，也许困难重重。但无论发生何种情况，形式上的指导都无法改变这一过程。当然，工作开始后老师可以提出一些建议或批评，但这些话语只有在符合真实的心理和技能状况的前提下，才能有所帮助。否则只能适得其反，干扰学生，加重他的不安，或者让他误以为他知道了，甚至可能破坏整个过程的鲜活性。

换言之，就像柏拉图所说的，我们应该接受人们本来的状态，无需维护"无所不能的教师"和"万能的即兴演讲"的假象。如果我们想让某人去学，我们不应该充当母鸡的角色，将咀嚼过的食物喂给孩子，而是应该信任学生，让他自己工作，然后静待花开。从某种角度来说，最好的教学就是不教。

/中国经典著作/

大多数中国经典篇章都归类为"中国经典著作"。最常见的就是"四书五经"。这一名称源自新儒学时代。这些经典著作也被称为"十三经",在唐宋年间增补了一些篇章。这些著作涵盖了一系列关于重要主题的思想和文字:占卜、哲学、诗歌、农学、艺术、天文学、辞典编纂、礼仪等。最早的文字可追溯至公元前221年的先秦时代。"五经"有时也被称为"六经",因为其实有六部著作,其中的"乐经"在秦统一中国时失传。

"四书五经"在明清时期成为官方科举制度的主要内容,要成为官吏就必须熟读"四书五经"。所有文官在讨论时都从"四书五经"中引经据典,甚至武官也一度需要了解"四书五经"。这一制度确保了所有人都具备相同的核心价值观。"五经"收集了不同的篇章:《诗经》(诗歌、祭祀诗、狩猎及节日歌曲)、《尚书》(系列历史文献,最早可追溯至史前6世纪)、

《周易》（一本关于变化的书，包含了64卦的占卜和哲学体系）、《春秋》（鲁国十二位统治者统治时期的编年史）、《礼记》（古代礼仪和典礼）。"四书"是：《论语》（孔子及其弟子的语录）、《中庸》（《礼记》中的一篇，重点讲述如何获得中庸之道）、《大学》（《礼记》中的一个章节，被认为是必读之书，阐述了中国哲学的主要思想）、《孟子》（孟子与各国国君及其弟子对话时的语录）。此外，"十三经"包含一些额外的篇章，比如《孝经》（孔子与其弟子之间关于孝的对话）、《尔雅》（周朝的辞典）。那些富贵人家的男孩在熟读《百家姓》（大约五百个姓氏，几乎囊括了所有基本的汉字）之后，通常要把这些著作背诵下来。

一个有趣的现象是，这些古代经典没有将像庄子和墨子这样的著名思想家的著作包含在内：他们被尊为大师，其著作却无法成为经典。原因极可能是他们的观点在意识形态和教义上不符合社会的正统观念。比如庄子会强调个体并抛弃礼仪。墨子批判传统中国社会对家庭和宗族体系过于依赖,并提出"兼爱"这一观点。因为他认为人们应该平等地爱护他人。

因为遵从儒学,约公元前141年,汉武帝首次将这些经典列入官方选拔官吏的考试科目中。此前,中国在大统一的过程中经历了焚书坑儒的阶段。约460名儒家学者被活埋,所有经典藏书都必须上缴并被焚毁,否则就会被砍头。任何批评和议论都被禁止并可能引来杀身之祸。一百年后,这些典籍重新成为国家治理的基石。

通过获取知识来成为道德高尚的人这一理念约产生于公元前6世纪。在那时,"君子"这个概念已经出现了。君子熟读经典,因此代表有才华的人。后来这些人被称为"文人"或"学绅",只有在通过选拔后他们才会成为政府官吏。相比制定法律或理解基本原则,知识更为重要:掌握了知识的人就代表了法律和秩序。一些西方学者因此认为这是中国社会的一个弱点:不依据法律来治理社会,而是依靠一些特殊群体，即那些掌握特殊知识的"专家"们。

一些典籍更为"僵化"，比如试图以讲述美德的方式来传达行为规范。另一些典籍则更为哲学化，引发人们思索。比如《中庸》，据传是孔子之孙创作的。《中庸》为自我完善提供了指引，主要是达到折中调和的状态，即"中庸"之道，不偏不倚。这意味着具备永恒的平衡能力。"中庸"是一个复杂而庞大的概念，它意味着节制、品行端正、客观、真诚、正直、诚实、礼貌和不带偏见。这一理论有三个基本原则：慎独自修、忠恕宽容和至诚尽性。为了做到慎独自修，人们必须练习自律和自学。忠恕宽容和基督教"待人如待己"的教导接近。至诚尽性阐述的是天地之间的关系：至诚之人方可达到最高境界。在西方哲学传统中也存在着"中和"这个概念。比如亚里士多德倡导的"黄金中道"，就是一条不偏向任何极端的道路，一条可以通过权衡、克制和保持适度等方式获得真正美德"中心"的道路。基督教和犹太教也存在类似的思想。任何与权衡和克制不一致的存在都是罪恶的。

但我们可以扪心自问，究竟要背诵和学习多少典籍才能让自己变得品德高尚？还是说，这一切都必须通过实践才能完成呢？而仅仅凭借阅读这些指导行为的典籍，人们就能自然而然地反省自我并开始独立实践吗？对大众读者来说，那些充满智慧而有趣的思想，在多大程度上是枯燥而无用的知识呢？人们可以论证说，尽管这些思想可以让人们为之倾倒，但如果不付诸实践就只是文字而已。人们也只能用心学习并背诵这些文字，却不能实践那些金玉良言。人们只有在真正实践后才可能讲出其中道理，正如轮扁在故事中所暗示的，只不过他将这个概念推进了一步。他认为，真正深刻的知识是无法用语言来描述的：在讲述了自身经历后，他说"无法用语言来表达"，或者"我没法把这体验教给我的儿子，他也不能从我这里学习到"。

在这个故事中,庄子反对"形式上"的知识(即用语言传达的知识),且立场十分坚定。人们可以思考一下,真正的知识是否需要经过"专业技能"的检验?人们只有通过使用凿子才能判断力度和角度是否合适,而不仅仅通过语言的传授。这说明理论知识和现实之间必然存在着不可调和的差距。因此,庄子在故事中通过轮扁对齐桓公所读的书进行的批判,认为那无非是"古人的糟粕罢了"。齐桓公忽略了书本所不能教授的"生活"和"现实"。轮扁声称他将一直保持在"自我实践"的状态中,无法与他人沟通。人们当然可以对他的这种态度进行充分批驳。但圣人之言会证明我们无法将他们所说的变成自己的东西,因为我们无法实践圣人的言论或将其付诸行动。真正的解决方案应该是,在知识和实践两者之间摆动,同时对峙两个领域,不蔑视任何一方,但将其中一方视为对另一方的挑战。

阅读理解

1. 轮扁是在教育齐桓公吗?
2. 为何轮扁希望自己的老师们是在世的?
3. 轮扁为何不能教他的儿子怎么使用凿子?
4. 齐桓公知道什么轮扁不知道的事吗?
5. 轮扁为何敢于反对齐桓公?
6. 轮扁的思维狭隘吗?
7. 故事中提出了几种教授的方法?
8. 齐桓公应该继续读他的圣贤书吗?
9. 轮扁如果读书会成为一个更好的造轮匠吗?
10. 在这个故事中,是否其中一方比另一方拥有更好的学习技巧?

延伸思考

1. "教"是可能的吗?
2. 经验是比书籍更好的老师吗?
3. 所有的知识都来源于经验吗?
4. 我们能教授我们不想学习的东西吗?
5. 练习是学习的条件之一吗?
6. 为了真正学到书本里的东西,应该烧掉书本吗?

7. 知识可以是确定的吗?

8. 每个人都注定以某种方式来学习吗?

9. 为何有的人好为人师?

10. 是什么阻碍我们学习?

概念表

第一章	生存	外貌
	个人主义	德
第二章	稳定	不稳定
	因果关系	影子
	罔两	知识
	控制	周易
第三章	速度	区分
	行善	浑沌
第四章	无差别主义	决定论
	在意	不在意
	操纵	力量
	静态	动态

第五章	平凡	琐碎
	有限	无限
	茫然	君子
	小人	
第六章	应激	超然
	实践性	阐明性
	自我之战	武术
第七章	权威	教学方法
	教学	学习
	经典